A História do Meu Avô

Editora Appris Ltda.
1.ª Edição - Copyright© 2024 do autor
Direitos de Edição Reservados à Editora Appris Ltda.

Nenhuma parte desta obra poderá ser utilizada indevidamente, sem estar de acordo com a Lei nº 9.610/98. Se incorreções forem encontradas, serão de exclusiva responsabilidade de seus organizadores. Foi realizado o Depósito Legal na Fundação Biblioteca Nacional, de acordo com as Leis nᵒˢ 10.994, de 14/12/2004, e 12.192, de 14/01/2010.

Catalogação na Fonte
Elaborado por: Dayanne Leal Souza
Bibliotecária CRB 9/2162

J344h
2024
	Jannuzzi, Carmino
	   A história do meu avô / Carmino Jannuzzi. – 1. ed. – Curitiba: Appris,
	2024.
	   117 p. : il. ; 21 cm.
	
	   ISBN 978-65-250-6732-2
	
	   1. Fé. 2. Deus. 3. Força. 4. Determinação. 5. Família. 6. Inteligência. 7.
	Lutas. 8. Renúncia. 9. Equilíbrio. I. Januzzi, Carmino. II. Título.
	
	                                                                       CDD – 800

Livro de acordo com a normalização técnica da ABNT

Appris editora

Editora e Livraria Appris Ltda.
Av. Manoel Ribas, 2265 – Mercês
Curitiba/PR – CEP: 80810-002
Tel. (41) 3156 - 4731
www.editoraappris.com.br

Printed in Brazil
Impresso no Brasil

Carmino
Jannuzzi

A História do Meu Avô

artêra
editorial

Curitiba, PR
2024

FICHA TÉCNICA

EDITORIAL	Augusto V. de A. Coelho
	Sara C. de Andrade Coelho
COMITÊ EDITORIAL	Marli Caetano
	Andréa Barbosa Gouveia (UFPR)
	Edmeire C. Pereira (UFPR)
	Iraneide da Silva (UFC)
	Jacques de Lima Ferreira (UP)
SUPERVISORA EDITORIAL	Renata C. Lopes
PRODUÇÃO EDITORIAL	Sabrina Costa
REVISÃO	Marcela Vidal Machado
DIAGRAMAÇÃO	Bruno Ferreira Nascimento
CAPA	Lucielli Trevizan
REVISÃO DE PROVA	Daniela Nazario

Dedico este livro à minha amada Leila, a paixão da minha vida, minha mulher, minha companheira de tantos momentos bons e momentos difíceis, por intermédio de quem tive a honra de conhecer verdadeiramente o Senhor Jesus; aos meus netos, Catarina e Pedro, e aos pais deles, Rita, minha princesa, primogênita, mulher forte, determinada, temente a Deus, e Lucas, genro muito amado; ao Francisco, meu neto caçula, e aos pais dele, Guilherme, que além de filho e amigo, companheiro fiel em tantos momentos difíceis e meu sócio, e a minha querida nora, Louise. Uma dedicatória especial faço à minha adorável mãe, Norma Helena Januzzi, que mesmo passando por lutas, dificuldades e renúncia, conseguiu transmitir para todos nós, seus filhos, a essência da vida, muito amor, força e equilíbrio, que recebeu de seus pais e avós.

Agradecimentos

Agradeço a Deus por tudo que Ele fez, faz e fará não só na minha vida, mas de toda a minha família.

Leia a Bíblia, ela é a maior dádiva do amor de Deus por nós,
o maior tesouro literário do mundo.

Apresentação

No dia 15 de outubro de 2022 recebi da minha querida neta, Catarina, um livro com perguntas para responder: *Vô, me conta a sua história* (Editora Sextante, 2018). À medida que lia as perguntas, começava a mergulhar no passado e com a maior clareza e veracidade possível trazia à tona uma amostra de cada fase da minha vida na intenção de deixar para ela e para meus outros netos e suas descendências uma referência de fé, força, acertos e erros, a fim de ajudá-los ao longo de suas vidas. Quando respondia, não imaginava que minha querida filha Rita tomaria a decisão de transformar os escritos em livro. Quando ela me falou que estaria encaminhando todos os escritos para a editora, fiquei muito feliz em saber que tudo que escrevi para meus netos também poderá ser de alguma forma útil para você, leitor. Você verá ao longo das páginas que sempre falo com Catarina sobre a importância de se viver pelo espírito (inteligência) e não pelo coração (emoções). Se eu conseguir que no final de sua leitura você alcance esse resultado, pode ter certeza de que você será uma pessoa mais feliz, terá uma qualidade de vida muito melhor e dormirá tranquilo, pois terá paz na sua alma.

Espero com este livro também estar atendendo aos anseios e desejos da ilustre escritora Elma Van Vliet, autora do livro *Vô, me conta a sua história*, que como ela mesma disse em seu livro *"... o meu sonho é que todos os avós possam completar este livro um dia deixando para seus netos algo de valor inestimável..."*. Com *A História do Meu Avô* tenho certeza que não só os meus netos, mas todos os "netos" encontrarão respostas para suas principais dúvidas e força para vencerem seus obstáculos e desafios. Boa leitura.

Carmino Jannuzzi

Prefácio

Agradeço do fundo do coração ao meu amado sogro por me convidar para prefaciar esta obra, em forma de perguntas e respostas, em que ele conta para a minha primogênita, Catarina, boa parte da história de sua vida.

Quando o conheci, logo percebi que era uma pessoa muito especial, como todo bom mineiro, simples, inteligente, de fala mansa e, desde sempre, mostrou-se uma pessoa muito solícita, bem-disposta, pacienciosa, de boa conversa, com uma fé extraordinária, inabalável, e extremamente altruísta.

Acredito que muitas dessas qualidades explicam seu sucesso excepcional na criação de seus filhos — Rita, minha esposa, e Guilherme, meu amigo e cunhado.

Apesar de ter feito a primeira comunhão e ser crismado pela Igreja Católica na minha cidade natal, Londrina (PR), e ter conhecimento do bem e do mal, do plano de salvação e do favor imerecido que nos fez Jesus Cristo, o meu contato mais próximo com a palavra de Deus (leitura da Bíblia) começou somente após eu me casar com a Rita e começarmos a frequentar a Igreja Batista Central de Brasília.

E, certamente, a fé do Sr. Carmino, que já era "crente antigo", inspirou-me a prosseguir e fortalecer a minha caminhada com Cristo.

Da mesma forma, eu repasso essa inspiração aos meus filhos, Catarina e Pedro, pois a palavra de Deus, conforme a carta de Paulo aos Romanos, capítulo 10, verso 14, diz: "Como, porém, invocarão aquele em quem não creram? E como crerão naquele de quem nada ouviram? E como ouvirão, se não há quem pregue?" (Romanos 10:14 NAA).

Podendo os filhos crescerem com uma consciência aguçada da necessidade que têm de salvação da alma, os pais terão tido sucesso em sua principal tarefa como líder espiritual deles.

Esse, inclusive, é o "primeiro pilar" que o Sr. Carmino adota para responder a pergunta "Vô, como devo criar meus filhos?".

Muito interessante que esses "pilares" não ficam somente no papel.

Enquanto avô, pai e sogro, diariamente o Sr. Carmino conversa conosco, principalmente com os netos, sobre a fé, a inteligência e a saúde mental e física deles. Ele cumpre à risca o que está escrito em Deuteronômio 6:7-9 NAA: "Você as inculcará a seus filhos, e delas falará quando estiver sentado em sua casa, andando pelo caminho, ao deitar-se e ao levantar-se".

Seu ânimo e paciência com os netos são admiráveis e me inspiram diariamente na criação da Catarina e do Pedro. Sempre amei esse relacionamento, pois, como também tive, acredito que o contato com os avós é fundamental para o crescimento e desenvolvimento do ser humano como um todo.

Os avós conseguem transmitir suas experiências, seus acertos, seus erros, exercitar a resiliência, principalmente, para que, desde pequenas, as crianças saibam que têm uma história e as pessoas que fazem ou fizeram parte dela devem ser respeitadas.

Como o próprio Sr. Carmino sempre pergunta, "o avô é dos filhos ou dos netos?", e, em um grande coro, os netos respondem: "dos netos!". Ser avô é ser pai duas vezes, é o que dizem. O Sr. Carmino já conseguiu com seus filhos e novamente está em grande forma ao exercer esse papel com os netos.

Acredito que meus filhos foram grandemente abençoados com seus avós: Sr. Carmino; meu Pai, Adolfo; Dona Leila; e minha mãe, Márcia, pois, mesmo tendo qualidades diferentes, todos eles evidenciam e manifestam muito amor e carinho.

Mas quando lembro do meu sogro, logo me vem à cabeça que ele está sempre pensando em nosso bem-estar.

Seja onde for, na casa dele, em uma confraternização, uma festa, ou em qualquer outro ambiente, com absoluta certeza, ele vai estar auxiliando alguém em alguma tarefa, uma pessoa que, de forma espontânea, se preocupa conosco.

Como dito em 1 Coríntios pelo apóstolo Paulo: "Tornem-se meus imitadores, como eu o sou de Cristo". Eu consigo ver, com clareza, um imitador de Cristo na pessoa do Sr. Carmino.

Sei que sempre foi um sonho dele escrever um livro. Fico enormemente emocionado e me considero afortunado de poder contribuir, ainda que com muito pouco, para a concretização desse sonho.

Nas próximas páginas, com certeza, você se empolgará com a história de vida dessa pessoa maravilhosa e terá acesso a chaves e ensinamentos preciosos na área de espiritualidade, relacionamento e criação de filhos.

Lucas Sahão Turquino
Maio de 2024

Sumário

Introdução 19

Minha infância 21

Meus pais e avós. 25

Minha família 37

Adolescência e chegada à vida adulta. 45

Sobre o amor 57

Sobre ser avô 63

Sobre o que gosta de fazer 69

Sobre suas lembranças 73

Sobre seus pensamentos, sonhos e desejos. 99

Sobre mim 109

Três pilares:
fé, inteligência e saúde (física e mental) 115

Introdução

A nossa vida é resultado das decisões que tomamos. Quando colocamos Deus em PRIMEIRO LUGAR e nós em SEGUNDO, todas as decisões terão como principal objetivo agradar a Ele e não a nós, e isso trará com certeza bons resultados e bons frutos.

Catarina, escrever este livro para você foi muito gratificante. Ao longo das páginas foi como abrir um baú e pegar pedras preciosas. A Bíblia é o mapa para encontrar o "tesouro"; se você não lê, o "tesouro" sempre estará escondido; se você lê e não pratica, o "tesouro" estará longe". Tenha a Bíblia como sua principal referência de vida e você será uma mulher forte, feliz e realizada.

"E eles serão meus, diz o Senhor dos Exércitos; naquele dia serão para mim joias; poupá-los-ei como um homem poupa a seu filho, que o serve. Então voltareis e vereis a diferença entre o justo e o ímpio, entre o que serve a Deus, e o que não o serve" (Malaquias 3:17-18).

Quais eram as pessoas e as coisas mais importantes para você?

"Na minha infância só me recordo de pessoas e coisas envolvidas com família, meus pais, irmãos, avós, primos e tios. Lembro-me bem dos brinquedos, principalmente feitos por nós: carrinhos de rolimã..."

Minha infância

"Vô", disse Catarina. "Conta pra mim do seu nascimento, da origem de seu nome, dos costumes da sua época, enfim... Fala um pouco de você quando criança?"

Quando e onde você nasceu?

Eu nasci numa quarta-feira, no dia 10 de agosto de 1960, às 4h da manhã, em Belo Horizonte (MG). Fui o primeiro bebê a nascer, inaugurando, assim, o setor de pré-natal daquele hospital. Meu nome foi escolhido em homenagem ao meu avô, pai da minha mãe, o nome dele na realidade era Carmine (ele era descendente direto de italiano), mas todos o chamavam de Carmino. Eu era uma criança muito feliz e amada por todos. A família era muito presente nas nossas vidas, ganhávamos muitos brinquedos, mas a maioria era nós (irmãos) que fazíamos e, também, as brincadeiras eram criadas por nós mesmos. Minha mãe disse que eu era um pouco tímido, mas alegre.

Você tinha um super-herói favorito?

Naquela época os super-heróis eram poucos, porém eu gostava muito de ver na TV um seriado chamado *National Kid*. Brincava imitan-

21

do-o, "voando" no quintal da casa e brincando com os outros irmãos. Lembro até quando um dia subi no telhado da nossa casa e de lá tomei um tiro de espingarda de chumbinho de um menino do outro lado da rua. Mamãe ficou furiosa, isso foi comentado até nas rádios da cidade.

Que lembranças você guarda de quando era criança?

Guardo muitas lembranças boas, mas a melhor era quando chegava o Natal. Íamos todos para a casa da minha vó Helena e lá ganhávamos muitos presentes e brincávamos muito também.

Outra boa lembrança era quando chegava a hora de assistir aos seriados. Todos os irmãos ficavam assentados na sala em frente à TV.

Quais eram as pessoas e as coisas mais importantes para você?

Na minha infância só me recordo de pessoas e coisas envolvidas com família, meus pais, irmãos, avós, primos e tios. Lembro-me bem dos brinquedos, principalmente feitos por nós: carrinhos de rolimã, pipas, espadas de madeira, estilingues, espingardas de madeira etc.

Durante a infância, você teve alguma doença séria?

Sim, meningite. Eu e minha irmã Fátima.

Tinha algum brinquedo preferido? Qual era?

As brincadeiras eram mais de se interagir; brincávamos de bola, esconder, queimada, corrida, subirem em árvores, correr atrás dos bichos (galinha, pato, cachorro etc.). Brincava com espada de madeira e revólver de pau também. Gostava de imitar os heróis da TV, como Zorro, Super-Homem e os heróis dos filmes de "bang bang".

Quais eram as suas brincadeiras favoritas?

Esconde-esconde.

Você brincava de coisas que hoje ninguém mais brinca?

Sim, estilingue de madeira e armar arapuca para pegar passarinhos (hoje vejo que não é certa essa prática). Gostava também de subir nos telhados e nas árvores e quando chovia íamos todos os irmãos brincar nas correntezas das águas da chuva que desciam na rua de terra que morávamos, em Contagem (MG).

Com quem você mais gostava de brincar?

Com meus irmãos.

Preferia brincar em casa ou na rua?

Em todo lugar, em casa e às vezes na rua.

O que você fazia à noite e nos fins de semana?

À noite todos nós nos sentávamos no sofá para assistir aos seriados, *Combate*, *Kung Fu*, *Bonanza*, *Jornada nas Estrelas*, *Beriba*, *Túnel do Tempo* etc., mas aquele de que eu gostava muito era *Bonanza*, muito bacana.

E o que fazia nas férias?

Não me lembro de dias que fazia algo nas férias, mas com certeza meu pai nos levava para algum lugar.

Que tipos de livro você lia quando criança?

Há apenas um livro que marcou minha infância, *Coração – Diário de um Aluno*, cujo autor é Edmundo de Amicis. Tenho esse livro guardado na minha biblioteca em local separado e especial.

Que músicas você cantava na infância? Quem ensinou?

Eu tinha um tio, irmão da minha mãe, tio Célio, já falecido, que tinha uma gravadora. Sempre que eu ia na casa da minha vó Helena, mãe da minha mãe, ele, por tanta insistência minha que queria gravar uma música, falava para subir na mesa da copa e cantar para todos da família. Eu pegava o violão e começava a cantar uma música do Roberto Carlos. Quando acabava de cantar ele falava: "Carmininho", era como ele gostava de me chamar, já está quase bom para gravar o LP [Long Play]". Eu gostava muito desse tio. Lembro que quando passei no vestibular da ETFOP ele falou que um dia ainda iríamos gravar. Depois nunca mais subi naquela mesa para cantar. Bons tempos...

Qual era o seu dia da semana preferido?

Não tinha um dia melhor que o outro. O domingo sempre era bom, pois à tardinha íamos para cassa dos avós.

E o melhor dia do ano?

Sempre era o dia 25 de dezembro.

Ganhávamos muitos presentes e havia muita festa, com comida gostosa, brincadeiras entre os primos e as primas.

Meus pais e avós

Como se chamam seus pais?

Walter Jannuzzi (já falecido) e Norma Helena Januzzi.

Que dia e em que cidade eles nasceram?

Minha mãe nasceu em Belo Horizonte, em 31/08/1937. Meu pai nasceu em 19/10/1933, em Divino de Ubá, no interior de Minas Gerais.

E quanto a seus avós? Você sabe o dia e o lugar em que eles nasceram?

Avô materno: Carmine dos Santos, nasceu em 18/11/1903, no município de Santa Bárbara (MG). O pai dele, meu bisavô, se chamava Domingos dos Santos e a mãe dele, minha bisavó, Genevra Baggio, ambos nascidos na Itália. Foi por meio desse meu bisavô que meus dois filhos, Rita e Guilherme, conseguiram a cidadania Italiana.

Avó materna: Helena Daniel dos Santos, nasceu em 26/09/1908, na cidade de Niterói (RJ). O pai dela, Guilherme Daniel Filho, e a mãe dela, Isaura de Barros, meus bisavós, ambos também nascidos na Itália.

Avô paterno: Salvador Jannuzzi, nasceu em Guidoval, antiga Sapé de Ubá (MG), em 12/10/1907, filho de Alphonso Jannuzzi e de Giusephina Tampaschi, que também era chamada de Pepina. Meu bisavô Alphonso nasceu em Montano Antilia, província de Salerno, na Itália, em 11/04/1854 e a esposa dele, Giusephina, nasceu em 1874 e faleceu em 5/11/1933, com 59 anos. Giusephina nos últimos anos de sua vida morava com meus avós, Salvador e Cândida.

Meus bisavós Alphonso e Giusephina tiveram um total de oito filhos, dois destes já eram nascidos quando eles vieram da Itália, Miguel e Ico, os outros seis nasceram no Brasil, que eram João, Salvador (meu avô), Angelina, Amélia, Mariângela e Leonídia. Meu bisavô Alphonso faleceu aos 82 anos.

Avó paterna: Cândida Martinz Jannuzzi, nascida em Santa Rita da Glória, Comarca de Muriaé (MG), aos 31/07/1907, filha de João Martinz Moreira e Rita Bicalho Martinz. Casaram-se em 30/05/1928.

Você conheceu seus avós?

Sim, tanto os avós maternos como paternos foram muito presentes na minha vida. Foram muitas as lembranças com eles.

Avó materna: lembro das brincadeiras, comidas, festas, histórias na varanda, da parreira de uvas etc. Avó paterna, Vó Candinha: lembro-me muito dos brinquedos que sempre ganhava dela, do pudim delicioso que fazia, das histórias que contava do meu pai quando fiquei estudando na casa deles (devido ao silêncio) para passar na ETFOP (Escola Técnica Federal de Ouro Preto).

Qual era o trabalho deles?

Meu avô Carmino era alfaiate, um dos melhores de Belo Horizonte. Os ternos do ex-presidente da república Juscelino Kubitschek era ele quem os fazia, quando morava em Belo Horizonte. Meu avô Salvador era comerciante, fabricava e vendia rolos de fumo.

Quais são as melhores lembranças que você tem dos seus avós?

São muitas, mas vou resumir.

Vô Carmino e vó Helena: lembro-me das tardes de domingo em que nós sentávamos no chão da varanda para ouvir o vô contando histórias, como mula sem cabeça, saci-pererê etc.

Lembro também que em um determinado dia do mês havia sempre uma grande fila de pessoas que se formava em frente à casa deles para receberem mantimentos que eles arrecadavam para distribuir aos pobres.

Vô Salvador e vó Candinha: serviam-nos, sempre aos domingos, um delicioso pudim, vó Candinha é quem fazia. Ganhávamos também muitos presentes deles. Agora do que eu gostava muito também era quando minha tia Rita, irmã do meu pai, que mora nos EUA, vinha ao Brasil passar o Natal com os pais dela. Aí, ela sempre trazia uns brinquedos muito bacana para nós.

A família era importante para você?
"Muito, foi a base da formação do meu caráter e personalidade."

A família era importante para você?

Muito, foi a base da formação do meu caráter e personalidade.

Seus familiares se reuniam com frequência?

Todos os domingos os irmãos da minha mãe se reuniam com as suas famílias na casa da minha vó Helena e da minha vó Candinha, porém íamos mais na casa da vó Helena. Eram muitas as festas de final de ano e aniversários, era muito bom.

Você tinha parentes preferidos? Quem eram?

Brincava muito com todos os primos, mas havia um que era mais próximo a nós, Murilo o nome dele. Brincávamos, andávamos sempre juntos, fazíamos acampamentos, eu, ele e os irmãos.

Em alguns dias da semana, à tardinha íamos para a casa da vó Helena e ela preparava um gostoso café da tarde para nós, uma delícia. Nunca me esqueço de uma briga que teve no bairro que envolveu eu, ele (Murilo), meus irmãos Valtinho e Marciano com outras pessoas.

Havia alguém rebelde na família? Quem era?

Entre nós, irmãos, o Valtinho era o que mais tinha "energia", quando alguém vinha nos afrontar, ele sempre entrava e nos defendia. Mas se hoje estou vivo foi em primeiro lugar Deus e depois ele que abriu a porta da geladeira na qual eu estava escondido em uma brincadeira de esconde-esconde. Entrei dentro dela para me esconder e não conseguia abrir a porta por dentro para sair (as geladeiras antigas não tinham como abrir por dentro). Eu não consigo imaginar o tempo que fiquei lá dentro, só sei que o ar já estava acabando, já estava com dificuldade para respirar. Eu tinha na época 9 anos, a geladeira era antiga (isso em 1969) e estava em um quarto de coisas usadas, no quintal de nossa casa. Foi quando ele chegou perto e me ouviu batendo na porta, aí abriu e eu saí já quase sem ar. Nessa época morávamos em Contagem.

Havia alguma pessoa famosa na sua família?

Que eu lembre não, eram todas pessoas comuns. O mais famoso era eu [risos]. Pensando bem, eu tinha um primo de segundo grau chamado Guará Jannuzzi, foi um jogador importante do Atlético Mineiro quando jovem. Onde eu falava meu nome as pessoas perguntavam: "O que você é do Guará Jannuzzi?".

Seus parentes falavam muito sobre o passado?

Sim. Tios e avós contavam muitas histórias dos pioneiros que chegaram ao Brasil.

Como eram os seus pais? Eles eram modernos ou antiquados?

Eles nos criaram segundo o costume da época. Foram rigorosos quando tinham que ser e flexíveis quando a ocasião exigia. Eu gostava muito de viajar, eles deixavam, porém me orientavam naquilo que era certo e errado. Gostava muito também de ir aos bailes nas noites de sábado.

Como você descreveria a relação deles?

Boa, não é fácil criar oito filhos com recurso financeiro limitado. Mas eles sempre procuraram nos dar o melhor. Minha mãe sempre amou muito meu pai, apesar dos erros e falhas dele, como todos nós temos. Ela sempre cuidou dele. Minha mãe foi uma verdadeira guerreira, além de cuidar do meu pai, ela sempre cuidava muito bem dos oito filhos e se alguém quisesse nos fazer algum mal, ela ficava muito brava.

Você sabe como seus pais se conheceram?

Sim.

Eles falavam sobre aquela época?

Foi em um armazém que meu pai trabalhava com as três irmãs dele (Pompéia, Ivone e Lenilce). Mamãe, muito brincalhona, chamava a atenção dele no armazém, às vezes misturando arroz com feijão e o deixando bravo. Assim começaram a se apaixonar. Ele, muito ciumento, não tirava a atenção dela. Minha mãe ia com as outras irmãs dela sempre no armazém fazer compras, e lá os dois começaram a namorar em junho e em novembro já estavam se casando.

A religião era importante para eles?

Meus pais vieram de um "berço" católico, minha lembrança é maior na parte espiritual com minhas avós Helena e Candinha. Todas as duas, incluindo os avós, dedicaram-se muito à igreja. Lembro muito bem quando filas grandes se formavam em frente à casa da minha vó Helena para receberem cestas de produtos alimentares. Minha vó Candinha também se dedicou muito à obra de Deus.

Em que seu pai trabalhava?

Quando ele era solteiro, trabalhava em um comércio para ajudar na renda da família. Ao se casar, mudou-se para o Rio de Janeiro e continuou trabalhando lá também como comerciante. Muitos anos depois, retornando para Belo Horizonte, trabalhou como Fiscal do Departamento de Estradas de Rodagem de Minas Gerais (DER-MG) e sua última profissão foi delegado da Polícia Civil.

Como era seu pai?

Era um homem muito honesto, brincalhão, ótimo pai, inteligente, gostava de ajudar as pessoas, porém ele partiu deste mundo muito cedo, deixando na lembrança da família, dos amigos, recordações que nunca serão esquecidas.

Como era a sua relação com ele?

Muito boa, brincava muito, me orientava e sempre procurou dar o melhor para nós, filhos. Nunca me esqueço dos conselhos que me deu quando estava me levando para começar os estudos em Ouro Preto (MG). Ele, quando novo, havia feito servido o Exército lá, conhecia bem a cidade e os perigos para a vida de um jovem. Mais à frente neste livro falarei mais sobre isto.

Que boas lembranças você guarda do seu pai?

As brincadeiras, ele gostava de brincar jogando travesseiro em nós, deixava agente pular sobre ele, etc. Lembro-me também dos domingos, quando ele nos levava em chácaras para que a gente pudesse brincar e comer frutas diretamente nas árvores. Passeava bastante de carro com todos nós. Não me esqueço do Renault Gordine 1967, que era um pequeno carro, mas cabia todos os oito filhos e mais ele e mamãe.

"Os oito filhos que tenho hoje são frutos de uma árvore que plantei e que foi muito bem adubada e regada"
(frase da minha mãe).

A sua mãe trabalhava fora? Se sim, o que ela fazia?

No início do casamento, sim. De 1955, quando chegou ao Rio de Janeiro, até 1965 ela trabalhava ajudando meu pai no comércio, eram alguns armazéns muito grandes dos quais meu pai era dono e gerente de alguns. Depois, por volta de 1975, ela trabalhou com meu pai como corretora oficial de seguros, nessa fase da vida eles moravam em Belo Horizonte. Mas grande parte da vida, quase o total de sua existência, viveu sempre em função do marido e dos filhos.

Como era sua mãe?

Graças a Deus no momento que estou editando este livro ela chegou aos 86 anos. Uma excelente mãe, enérgica quando tinha que ser, carinhosa o tempo todo, muito preocupada com cada filho quanto a saúde, alimentação etc. Participou da minha vida em tudo. Quando estudava em Ouro Preto, ela sempre ia me visitar e levava algo gostoso para comer. Quando ficava doente, ela estava presente. Nos aniversários dos meus filhos ela fazia doces gostosos e mandava para Paracatu (MG), onde eu morava. Quando casado, ela sempre me visitava. A maior parte da vida dela foi sempre preocupada em fazer o melhor para os filhos, principalmente na cozinha, fazendo cardápios cada um mais gostoso que o outro e sempre com a casa cheia.

Que boas lembranças você guarda da sua mãe?

São muitas. Nunca me esqueço da alegria em vê-la descendo a Rua da Escadinha, em Ouro Preto, vindo me visitar quando eu estudava naquela cidade. Lembro também quando ela ia receber seus rendimentos como corretora oficial de seguros e me levava, na volta tinha aquela tradicional parada na Praça 7, em Belo Horizonte, para tomar sorvete. Não me saem da lembrança também os passeios com ela no centro histórico de Paracatu. Um fato que aconteceu também quando éramos bem pequenos não me sai da memória: eu tinha nessa época aproximadamente 9 anos e morávamos em Contagem, quando de repente entraram alguns bois dentro da nossa casa (entrando pela porta da sala, que naquele momento estava aberta, e saindo pela cozinha) e rapidamente ela retirou todos os filhos da sala. Perto da nossa casa havia um matadouro e quase todos os dias alguns homens de cavalo conduziam a boiada para ser abatida. Nesse dia alguns se desviaram e ao invés de irem para o matadouro entraram na nossa casa.

Um certo dia, já morando aqui em Brasília e ela em Belo Horizonte, conversando por telefone com ela, nos lembrávamos dos tempos de infância e disse que ela foi uma verdadeira guerreira por criar os oito filhos com tantas dificuldades. Ela me disse: *"Os oito filhos que tenho hoje são frutos de uma árvore que plantei e que foi muito bem adubada e regada"*. Essa frase tem um grande significado. Gostei muito das palavras dela.

Fisicamente, você parece mais com sua mãe ou com seu pai?

Um pouco dos dois, mas acho que pareço mais com minha mãe.

E quanto à personalidade?

Acho que sou uma mistura das duas famílias, tanto Santos, que é da minha mãe, como da família Jannuzzi.

Quais foram as lições de vida mais importantes que você aprendeu com seus pais?

HONESTIDADE. Dinheiro nenhum substitui uma boa consciência. A família como a base de referência entre o bem e o mal que o mundo oferece. O sustento da família pelo trabalho honesto.

Sua família conversa abertamente sobre os sentimentos?

"Quando se fala em sentimentos, estamos falando de "coração", emoções, alegrias e tristezas. Tudo isso foi muito evidente não só na minha família, mas também nas famílias dos meus pais. A partir do momento que comecei a seguir os caminhos do Senhor Jesus, passei a viver mais pela razão, pela fé inteligente e menos pela emoção"

Minha família

Você tem irmãos?

Sim, somos oito irmãos; cinco homens e três mulheres.

Qual é o nome deles? Quando eles nasceram?

Rose Januzzi, 02/07/1956. Marciano Salvador Januzzi, 26/08/1957. Valter Jannuzzi Filho, 06/10/1958. Carmino Jannuzzi – eu –, 10/08/1960. Norma de Fátima Jannuzzi, 13/05/1962. Paulo Cesar Jannuzzi, 17/10/1964. Rita de Cássia Jannuzzi, 21/09/1966. Julio Cézar Jannuzzi, 06/07/1968.

De qual deles você era mais próximo na infância?

Todos nós sempre fomos muito próximos, mas andava muito com o Marciano e o Valtinho (Valter), pois eram mais velhos que eu e sempre queria acompanhá-los nos passeios da tarde, nos acampamentos, brincadeiras etc. Com as irmãs, eu fiquei muito com a Fátima até os 14 anos. Dos 14 aos 17 anos, fiquei muito próximo da Rose, pois trabalhamos juntos em uma companhia de seguros. Depois ela foi estudar em Ouro Preto quando eu também já estava estudando lá. Apesar da diferença de idade entre eu e Rita, ela também sempre estava na minha companhia, seja em Belo Horizonte ou Ouro Preto.

Como era sua família? O que mais gostava nela?

Uma família maravilhosa, como todas, com seus acertos e erros, mas muito unida apesar de hoje estarmos com a maior parte dos irmãos geograficamente separados. As dificuldades nos fizeram ser fortes, preparados para as provações da vida. Crescemos assim, sempre um preocupado com o outro, se mexesse com um, todos se uniam a favor daquele. Lembro muito bem quando estudava em um Grupo Escolar na cidade de Belo Horizonte, com aproximadamente 8 anos, se algum menino maior que eu queria brigar comigo na saída da aula, eu ficava dentro da escola e mandava recado para o Valtinho me pegar. Aí, quando eu olhava e via que ele já estava no passeio me esperando, eu saía tranquilo e ninguém mexia, pois sabiam que mexer comigo era arrumar confusão com ele. Quando iniciei a adolescência, eu saía muito com minha irmã Fátima, como falei anteriormente, pois a diferença de idade entre mim e ela é pequena, menos de dois anos. Fátima sempre foi uma pessoa determinada, corajosa, forte, que conseguiu superar em toda a sua vida uma condição muito difícil de saúde, um problema congênito no intestino que a fazia sofrer muito e que culminou numa cirurgia complexa já adulta, deixando-a com limitações e com intervenções hospitalares periódicas. Apesar de todo esse quadro muito difícil na saúde, ela encontra paz e força para conduzir sua rotina de mãe e filha, uma vez que nossa querida mãe mora com ela.

De que tradição familiar você se lembra com alegria?

Do Natal. Toda a família da minha mãe se reunia na casa da minha vó Helena e na casa da minha vó Candinha, mas sempre passávamos na casa da vó Helena. Lá havia muitas brincadeiras, presentes, comida etc. Era muito bom.

Quando era criança, você costumava ganhar roupas novas?

Não muito, como éramos cinco irmãos, usávamos uns as roupas dos outros. Quando comecei a trabalhar, com meus 13 anos, de carteira de trabalho assinada, comecei a comprar minhas próprias roupas e calçados. Lembro-me muito bem de um macacão que comprei e do qual gostava muito, sempre usava para ir à igreja à noite, a Igreja São Francisco, no bairro Carlos Prates, em Belo Horizonte.

Você ajudava nas tarefas domésticas?

Sim, muito. Lavava as louças e limpava a cozinha após o almoço. Rose ajudava muito na organização e limpeza. Lembro que eu passava cera na sala e lustrava com os pés ou com um "vassourão" de lustrar, não tinha enceradeira elétrica na época.

Havia dias específicos para fazer as tarefas da casa?

Não lembro, acho que não.

Há algum aparelho eletrônico que tenha mudado a sua vida?

Mudado, não, mas lembro muito bem quando chegou em nossa casa a primeira televisão colorida, que meu pai comprou. Lembro-me também da primeira máquina de datilografar elétrica que chegou na empresa em que eu trabalhava.

Vocês ouviam programas de rádio juntos? Quais?

Minha mãe sempre ficava com rádio ligado na cozinha, escutava muito os horóscopos, prestando muita atenção no que falavam dos signos. Eu não acreditava muito, mas ela gostava de ouvir [risos].

Como era a casa em que você morava? Consegue se lembrar do endereço?

Moramos em muitas casas, a maioria na cidade de Belo Horizonte.

Na sua casa tinha um quarto só para você? Como ele era?

Não, era um quarto para os homens e um quarto para as mulheres e outro para meu pai e minha mãe. Dormíamos em bi-cama, um embaixo e outro em cima.

Existe algum cheiro ou som que faça você se lembrar da casa em que foi criado?

Lembro-me muito bem de todas as casas que moramos em Minas Gerais. As do Rio de Janeiro não consigo lembrar.

Qual era o seu cantinho preferido?

Não me lembro de ter um em especial.

Como era o bairro onde você passou a infância?

Em duas casas passei a maior parte da infância. A primeira em Contagem-MG. A casa ficava em um lugar um pouco afastado do Centro, havia um matadouro próximo, a rua era de terra e o quintal era grande, cheio de árvores frutíferas. Havia uma cisterna que usávamos, com água bem cristalina. A outra casa que passei grande parte da minha infância era em Belo Horizonte, no bairro Carlos Prates, na Rua Progresso. A escola que eu estudava ficava a poucos metros da casa. Nessa escola ganhei de uma professora o livro que marcou a minha infância, *Coração – Diário de um Aluno*.

Quanto custava o leite? E o pão?

[risos] Não tenho nem noção. O leite minha mãe comprava de um comerciante que vendia em um caminhão, que passava todos os dias pela manhã.

Qual era a sua comida preferida? O que você não gostava de comer?

Arroz, feijão e bife. Não gostava de comer quiabo, mas hoje gosto muito.

O que você comia durante a semana?

No café da manhã, sempre o tradicional: pão de sal e leite gelado (não gostava de café). No almoço sempre tinha uma proteína acompanhando arroz, feijão e salada. No café da tarde sempre tinha bolo de opção e na janta a maior parte era uma sopa de couve, mexido ou mesmo sopa de legumes. Havia também opções com cachorro-quente ou misto quente.

O que era uma refeição especial para sua família?

Macarrão feito em casa, ravioli, capeletti, lasanha, verduras com maionese. A sobremesa para mim era sempre charlote e pudim.

Como você costumava comemorar seu aniversário?

Charlote, refrigerante, doces, salgado e bolo.

Como a sua família celebrava o Natal?

Todos nós íamos para casa da mina vó Helena. Era muito bom. Toda a família da minha mãe reunida lá.

Sua família conversa abertamente sobre os sentimentos?

Quando se fala em sentimentos, estamos falando de "coração", emoções, alegrias e tristezas. Tudo isso foi muito evidente não só na minha família, mas também nas famílias dos meus pais. A partir do momento que comecei a seguir os caminhos do Senhor Jesus, passei a viver mais pela razão, pela fé inteligente e menos pela emoção.

– Catarina, os sentimentos atrapalham o ser humano, resultam em mágoas, tristezas, angústias, depressão e até mortes. É a inteligência que deve prevalecer e não o coração. Lembre-se sempre que o Espírito Santo testifica (concorda) com o nosso espírito e não com o nosso "coração". Enquanto você estiver na terra, o seu espírito (inteligência) é que deve conduzir a sua vida.

Sua família passou por algum período difícil?

Muitos.

Como você lidou com a situação?

Quando pequeno, não tinha muita consciência da gravidade, mas quando jovem adolescente procurava ajudar de alguma forma. Nós, filhos, sempre nos envolvemos e procuramos ajudar nossos pais a acharem uma saída, uma solução para o problema.

Para você, qual é a diferença entre crescer naquele tempo e agora?

A diferença é extremamente grande. Eu considero que há um divisor de formação do comportamento, pensamentos, atitudes que dão origem ao caráter da pessoa, a internet. Algumas dessas mudanças foram benéficas, contribuíram para evolução melhor da humanidade na área da saúde, ciência, educação, tecnologia etc. Porém a internet trouxe também uma facilidade na rotina das pessoas e um enorme acesso a informações que têm gerado um aumento como nunca se houve da ansiedade (em todas as faixas de idade), depressão, sedentarismo, e degradação da maior instituição de Deus, a família. Hoje uma criança, se não vigiada, acompanhada, tem acesso rápido a informações que são verdadeiras obras de satanás para acabar com a família.

A minha personalidade, caráter, foram moldados numa época que não tinha essa facilidade de acesso a tanta informação. O jornal e a televisão eram os principais veículos de informações. Para assistir a um filme fora da televisão era só no cinema e mesmo assim uma ou no máximo duas vezes no mês. Com isso a família (pais, irmãos, tios, avós e padrinhos) tinham um importante papel e contribuição na formação da personalidade da criança. Pesquisas escolares grande parte delas eram feitas em bibliotecas onde havia muita variedade de livros, revistas, mapas e mesmo assim, lá dentro das bibliotecas, éramos vigiados. Na época nem imaginávamos que com poucos clicks obteríamos em segundos um resultado que demoraríamos dias ou semana para concluir o aprendizado.

Aos 10 anos comecei a treinar judô, era o meu sonho, comecei na faixa branca e fui até a faixa marrom (a próxima seria a preta). O judô me ajudou a ser mais paciente, educado, cauteloso, moldando para melhor minha personalidade. No judô aprendi muito a respeitar e me relacionar com as pessoas, com as derrotas e com as vitórias.

Aos 13 anos comecei a trabalhar, com carteira de trabalho assinada (na época a lei permitia trabalhos nessa faixa de idade) para ajudar nas despesas da casa e nas minhas necessidades. Lembro que no final das tardes estava exausto pelo dia inteiro de trabalho na função de office boy, que foi o primeiro cargo naquela Companhia de Seguros, e do próprio serviço ia a pé, caminhando por aproximadamente 4 km para a escola, que também ficava no centro de Belo Horizonte. Isso me fez amadurecer mais rápido. Como católico, ia todos os domingos à igreja, mesmo só não deixava de ir para alimentar meu espírito com as coisas de Deus. Assim eu cresci, sem a internet. Esse aumento absurdo de informações todos os momentos na vida das pessoas, principalmente dos jovens, como disse, vem mudando o comportamento das pessoas e isso tem sido basicamente a diferença de se viver das gerações antes e depois da internet.

Na sua opinião, quais são as maiores diferenças entre estudar e trabalhar hoje e na sua época?

"Boa pergunta!!!"

Adolescência e chegada à vida adulta

Quantos anos você tinha quando começou a frequentar a escola?

6 ou 7 anos. Naquela época entrava direto para o primeiro ano.

Você lembra o nome da escola?

Escola Estadual Maria Carolina Campos.

Como você ia para a escola?

A pé, ficava poucos metros acima da minha casa.

Do que mais gostava lá?

Acho que era os amigos [risos] (não lembro). A minha vida escolar foi dividida em 3 ciclos.

Grupo Escolar: 1°, 2°, 3° e 4° ano. Nesses anos estudei na que mencionei acima.

Colégio: 5°, 6°, 7° e 8° ano. Nesses anos estudei à noite em uma escola da Polícia Civil de Minas Gerais. Nome dessa escola era Escola Estadual Ordem e Progresso, em Belo Horizonte.

Curso técnico: 1°, 2° e 3° ano. Escola Técnica Federal de Ouro Preto. Fiz um vestibular para entrar e consegui a 248ª vaga de um total 250. Formei-me em 1982 na área de Mineração.

Alguma vez você se comportou mal na escola? O que fez?

Sim. Foi na última prova de Geografia no 2° ano da ETFOP. Eu precisava de tirar no mínimo 7 em 10 e não estudei o suficiente. Aí pedi a um colega que estava na cadeira da frente para fazer a prova e não colocar o nome dele. Quando ele me deu o "sinal" eu peguei rapidamente a prova dele e passei a minha em branco para ele. [risos] Tirei 10, mas não foi certo, me arrependi por isso e nunca mais colei daquele jeito.

Como você chamava os seus professores?

Pelo nome.

Tinha uma professora ou professor preferido? Quem era?

Sim, no Grupo Escolar era uma professora que me indicou o livro *Coração*. Na ETFOP era professora de Geografia, Dayse o nome dela. Ela já era uma senhora de idade avançada, mas gostava muito de mim.

E tinha algum professor de que não gostava? Por quê?

Havia um professor na ETFOP que chamávamos de "Caçador" (ele gostava de caçar). A matéria que ele lecionava era a mais importante no curso de Mineração, Pesquisa e Lavra de Minas, e era muito difícil. Todos os alunos, sem exceção, tinham um certo "receio" dele, pois a fama dele de rígido nas avaliações era grande não só na escola, mas também em toda cidade. Até os alunos da Universidade Federal e da Escola de Farmácia de Ouro Preto o conheciam. Geralmente a prova dele era com poucas perguntas, no máximo quatro, que exigiam muito cálculo e raciocínio. Para se ter ideia do grau de dificuldade para se obter pontos, a prova valia 10 pontos e com muita dificuldade eu tirava 4,5 ou no máximo 5. Essa matéria, no último ano, me fez ficar até final de janeiro, participei da formatura em dezembro de 1982, mas tive que continuar estudando o mês todo de janeiro de 1983 para concluir o curso.

O que você queria ser quando crescesse?

O que eu queria ser não lembro, mas o que eu não queria ser eu sabia bem: profissional da área de segurança pública ou da área de saúde.

Você era bom aluno? Tinha alguma matéria preferida? E de qual você não gostava?

Sempre me esforcei para ser um bom aluno. A matéria de que mais gostava era Eletrotécnica e Hidráulica, gostava muito também de Topografia. A que menos gostava era a que mencionei acima, Pesquisa e Lavra de Minas. Quanto às matérias básicas, aquelas que atualmente fazem parte do ensino fundamental I e II, a que menos gostava era de Química. Nossa... como eu achava difícil fazer aquelas reações químicas.

Você participava de passeios escolares? Para onde ia?

Quando estava no Grupo Escolar, visitava parque da cidade, fábricas etc. Quando jovem, visitei muitas minerações tanto a céu aberto como de minas subterrâneas.

O que mais gostava de fazer depois da aula?

Namorar [risos].

Quais são as lembranças que você tem dos primeiros anos na escola?

No Grupo: quando saía da escola.

No Colégio: a caminhada do serviço até a escola a pé e já anoitecendo. Meu emprego era em um edifício na Avenida Afonso Pena, lembro até o nome dele, Edifício Avenida, em Belo Horizonte. Subia essa avenida uns 2 km, depois a Avenida Bahia também uns 2 km e chegava à escola, isso no centro de Belo Horizonte.

Na ETFOP: as noites que passei acordado estudando para a prova do dia seguinte, nesta escola era prova dia sim e dia não. Lembro-me também do passeio que fiz sozinho até o Pico do Itacolomi.

Você tinha vontade de continuar os estudos?

Sim, sempre gostei de estudar e ler.

O que fez depois que terminou os estudos?

Assim que concluí o curso de Mineração, em Ouro Preto, comecei logo a trabalhar. A formatura foi no sábado e na segunda-feira próxima eu já estava com um Teodolito (aparelho de medição) na mão medindo terras. Nunca esqueço quando recebi a notícia de que meu avô Salvador (pai do meu pai) havia morrido. Eu estava medindo uma reserva de Topázio Imperial. Lembro bem deste trabalho pois fez parte do meu relatório de Colação de Grau para receber o diploma e o registro no CREA.

Como você era na adolescência? Como via o mundo?

Gostava de viajar muito, andar com amigos, namorava bastante, gostava muito de ouvir músicas, trabalhava muito também. Gostava de escrever um diário. Ia à igreja. Gostava também de acampar com irmãos, primos e amigos, ou seja, era um jovem feliz.

Quais foram os principais acontecimentos do mundo que você já presenciou?

1. A morte do ex-Beatle John Lennon no dia 8 de dezembro de 1980 (lembro até o lugar que eu estava em Ouro Preto-MG quando ouvi pela rádio esta notícia).

2. O maior acidente nuclear na cidade de Chernobyl – na época na Rússia, hoje Ucrânia, no dia 25 de abril de 1986, nesta época eu tinha 25 anos.

3. Lançamento do computador, inicialmente com MS-DOS, e em 2000 lançamento do Windows.

4. Lançamento dos celulares, como telefone móvel, e depois internet.

5. 11/09/2001 – O maior atentado terrorista nos EUA, matando mais de 3.000 pessoas.

6. 2004 – Tsunami, matando mais de 225 mil pessoas.

Você tinha hobbies? O que gostava de fazer?

Viajar, escutar músicas e ler (gostava e gosto até hoje).

Que tipo de música você escutava?

Beatles, Elvis Presley, Cat Stevens, Bee Gees e MPB. Quando me converti não tive mais prazer nessas músicas e comecei a escutar músicas e louvores que me relacionam com Deus.

Você costumava sair? Gostava de ir dançar? Aonde ia?

Quando jovem trabalha durante a semana e no final da semana namorava, saía com amigos, viajava muito pelas cidades do interior de Minas Gerais e às vezes fora do estado.

Como era a moda naquele tempo? O que você gostava de vestir?

As mulheres usavam vestidos, saias, calças não tão apertadas como as de hoje. Tudo muito discreto, não destacavam tanto o corpo como hoje estão usando. Os homens usavam muito jeans e roupas de brim. Jaquetas de couro e jeans também eram muito usadas. Eu gostava de usar macacão, muito usado também na época, às vezes algumas roupas do exército e muito jeans. Na época eram basicamente duas marcas, Levis e Lee.

Qual foi seu primeiro emprego e como conseguiu arranjar esse trabalho? Quantos anos você tinha?

Meu primeiro emprego foi em uma Companhia de Seguros. Entrei na função de servente, comprava lanche e fazia café para os funcionários e os servia. Depois passei para office boy e mais à frente para a função administrativa, com minha própria mesa e máquina de escrever. Comecei aos 13 anos, com carteira de trabalho assinada. Até hoje guardo essa carteira comigo. Quem me arrumou esse emprego foi meu padrinho Adeir, marido da irmã do meu pai, e minha madrinha também, tia Ivone. Eles tiveram uma importância muito grande na minha vida, mais à frente relato o quanto eles foram importantes para mim.

Você se lembra de quanto ganhava?

Minha carteira foi assinada em 14/12/1973 com salário de 234,00 (na época a moeda era o cruzeiro). Saí dessa empresa em 01/12/1977, ou seja, trabalhei quatro anos, e fui para Ouro Preto estudar.

Qual foi seu primeiro carro? Você lembra quanto ele custou?

Foi um Fusca que comprei do meu pai. Eu já era casado e tinha a Rita. Ela gostava de dormir com as voltas que eu e Leila dávamos com ela no carro.

Você morava com seus pais na época?

Não, a partir do ano de 1978 nunca mais morei com eles. Tinha 18 anos quando comecei a estudar em Ouro Preto.

Quem eram seus melhores amigos?

Em todas as fases da vida tive muitos amigos, alguns foram mais próximos durante muitos anos e agregaram muito positivamente, outros nem tanto, não há como escrever o nome deles, posso esquecer o nome de algum que foi também importante.

A sua relação com seus pais mudou quando você começou a ganhar dinheiro?

Não, de forma alguma.

Seus pais ficaram orgulhosos quando você começou a trabalhar? Eles lhe disseram isso?

Sim. O primeiro emprego, após me formar em Ouro Preto, foi muito bom, pois foi a concretização de sonhos e esforços tanto por parte deles como por minha parte. Eles ficaram felizes em saber que eu havia adquirido uma profissão.

Você teve outros trabalhos depois do primeiro?

Vou relacionar meus empregos:

De 1973 a 1977 – Companhia de Seguros. Meu tio Adeir era o gerente.

Do início de 1982 a 1983 trabalhei em duas empresas. A primeira como topógrafo, na condição de estagiário, mapeando toda uma jazida de Topázio Imperial em um local chamado Córrego Cacheta, distrito de Rodrigo Silva, município de Ouro Preto. Nessa mina desenvolvi trabalhos geológicos e topográficos. Nesse emprego, para que eu pudesse desenvolver meu trabalho, tinha que ser com acompanhamento da Polícia Militar, que foi solicitado por um juiz da Comarca de Ouro Preto, expedindo assim a "garantia policial". Isso devido ao titular da pesquisa, para quem eu estava trabalhando, ser ameaçado de morte por parte dos proprietários da fazenda que estavam tentando impedir que eu fizesse o levantamento topográfico. Logo após esse emprego, trabalhei em uma outra grande mineradora atuando em duas minas subterrâneas, uma na cidade de Nova Lima e a outra em Raposos, municípios de Minas Gerais.

Cheguei a Paracatu (MG) em 15/01/1984 para trabalhar em uma mineração a céu aberto de calcário dolomítico. Poucos meses após minha chegada, conheci a mulher mais linda da cidade, e no final desse mesmo ano Deus me deu a honra de me casar com ela.

De 1985 a 1986 trabalhei com compra e venda de ouro e montei um laboratório para purificar o ouro, comprava dos garimpeiros e fazia barrinhas de ouro. Lembro o nome do laboratório: "Ita Ouro" (o nome era um apelido que minha mãe tinha antes de se casar).

De 1986 a 2001 trabalhei em uma mina de zinco e chumbo na cidade de Paracatu. Quando comecei nessa mina, Rita tinha 1 ano de idade. Após me desligar dessa empresa, em 2001, comecei a trabalhar como empresário no segmento de óleo lubrificante e de 2008 até 2011 trabalhei também na maior mina de ouro do Brasil, que fica na cidade de Paracatu. Nesse mesmo ano, 2011, me aposentei.

Na sua opinião, quais são as maiores diferenças entre estudar e trabalhar hoje e na sua época?

Boa pergunta!!! Comparando com a época que estudava no colegial, nos dias de hoje, fundamental II, um jovem de 13 anos poderia trabalhar, ter sua carteira de trabalho assinada, já contribuindo com a previdência para sua aposentadoria, usufruindo assim dos direitos de um trabalhador no Brasil, e ao mesmo tempo estudar.

Trabalhar naquela época era uma questão não só de necessidade, mas também de orgulho. De segunda a sexta-feira, aos 13 anos, eu saía de casa às 7h e chegava às 23h, lanchava e dormia. Digo orgulho porque os amigos, a família, sociedade de uma forma em geral, respeitavam e valorizavam mais um jovem nessa situação. Não era fácil, muito sacrifício, levantar-se cedo, dormir tarde, levar marmita para almoçar no trabalho, fazer um lanche rápido e improvisar um "banho" no próprio local de trabalho antes de ir para a aula. Saía da escola por volta de 22h40 pegava, às vezes dois ônibus à noite para ir para casa. Da 5° série até a 8° estudei à noite. Com o salário eu ajudava nas despesas da casa, comprava roupas e outras coisa para mim e me sentia bem desta forma, não sabia que tudo aquilo que estava passando quando jovem era na realidade uma preparação para enfrentar os desafios que teria no futuro.

Nos dias de hoje uma grande parte das famílias têm um poder aquisitivo maior e, sendo assim, os jovens podem dedicar a maior parte do tempo aos estudos e terem um padrão de vida melhor no futuro. Porém não é o que está acontecendo com grande parte dos jovens, é o que deveria acontecer, mas não está. Por quê? A internet e a "magia" do celular estão "ROUBANDO" a mente dos jovens, ou seja, estão se apossando do "espírito", da inteligência do jovem e fazendo com que ele se torne um adulto cada vez mais fraco, deprimido, ansioso, invejoso, extremamente emocional, incrédulo, desinteressado pelo sexo oposto, sem ou com pouca capacidade de raciocínio lógico, sem iniciativa, sem educação, sem comunicação, isolado das pessoas, vivendo somente no mundo virtual, extremamente vaidoso, mais preocupado com a aparência do que com o espírito e com a alma. Felizmente muitos pais ainda estão atentos a essa consequência maligna do celular e procuram a todo custo livrar seus filhos desse mal, mas o que tenho visto é que uma parcela significativa de pais e mães na realidade não se preocupam ou se deixam passar despercebidas essas consequências que seus filhos estão tendo. E digo mais, antes, quando eu tinha meus 15 a 18 anos, com os hormônios aflorando, a sociedade nos considerava como adolescentes e diziam *"Essa fase passa...".* E realmente passava, logo os jovens já estavam se comprometendo com trabalho, namoro sério, casamento e como consequência formação de família, tendo filhos e filhas, e não eram poucos. Mas hoje a adolescência está se estendendo para a chamada "adultescência", em que os jovens estão se acomodando, vivendo mais com seus pais e, <u>aqui está o grande problema</u>, uma grande quantidade de horas do dia totalmente focados nas telas e, assim, se comprometendo menos com trabalho, aprendizado e formação de família (criar filhos).

Assim, finalizo esta resposta da seguinte forma: na minha época como jovem o "estudar e trabalhar" estavam diretamente relacionados. Se o jovem tinha um sonho de se tornar um profissional, constituir uma família e ser bem-sucedido na vida, ele só tinha um caminho: **ESTUDAR E TRABALHAR MUITO.**

Hoje, para grande parte das famílias, o estudo ainda é importante, mas o trabalho não é mais a prioridade.

Quanto ao trabalho, houve também uma evolução, uma mudança radical, muitas atividades que havia antes não existem mais nos dias atuais. Isso teve suas vantagens e desvantagens, mais à frente abordarei esse tema.

Obs.: Catarina, esta pergunta respondi no hospital aguardando a vovó Leila chegar do bloco cirúrgico (Brasília, 08/12/2022).

Que conselhos você me daria sobre estudos e trabalho?

Catarina, a pergunta anterior aborda bastante esse tema, mas estudo e trabalho estão relacionados um com o outro. Como eu disse anteriormente, você estuda desde pequena para aumentar seus conhecimentos, inteligência e sabedoria. Assim, você conseguirá viver neste planeta de uma forma mais agradável, feliz, confortável, mais prazerosa e terá um trabalho ou trabalhos que serão resultados de tudo isso. O dinheiro será apenas um reconhecimento, consequência, resultado do seu esforço e aqui está a grande sabedoria: **você nunca deve permitir que ele, o dinheiro, seja o senhor da sua vida, que ele direcione a sua vida, o dinheiro tem que ser o seu servo, ou seja, ele deve te servir em suas necessidades e não você a ele.**

Você teve algum tipo de educação sexual?
"Quem explicou essas coisas para você?"

Sobre o amor

Quando você era jovem, como conhecia as garotas?

Nos bailes, hora dançante, aniversário, escolas, viagens, nas praças. Principalmente quando eu ia para o interior de Minas, no final da tarde até por volta de 22h, nas praças, os jovens se viam, conversavam e se conheciam.

Você se lembra do seu primeiro amor? Quem foi?

Eu deveria 12 anos, pois a música que ela colocava quando eu chegava de bicicleta até a casa dela, em outro bairro em Belo Horizonte, era da novela "Selva de Pedra", da Rede Globo, em 1972. Lembro-me muito bem, parava a bicicleta no passeio da casa dela, ela chegava na varanda, que era bem alta, olhava para mim, mandava um beijo e corria [risos].

Você teve algum tipo de educação sexual? Quem explicou essas coisas para você?

Meus pais nunca falaram para mim de "educação sexual", nem na escola tive informações, na época não havia essas informações pela escola. O que aprendi foi com amigos, irmãos e primos.

Você teve muitas namoradas?

Sim, muitas.

Alguém já partiu seu coração? Como lidou com a situação?

Sim. Uma moça muito bonita, alta, corpulenta, cabelos maravilhosos, alegre, com um coração puro e um caráter que nunca vi nas outras. Você, Catarina, conhece muito bem ela, a vovó Leila.

Quando e como você conheceu a minha avó? Foi amor à primeira vista?

Boa esta pergunta. O nosso destino estava traçado [risos] como diz o ditado popular. Brincadeira. Eu havia visto ela duas vezes antes, mas o início foi em um jantar que uma moça com quem eu estava me levou. Chegando lá ela foi me apresentado para os amigos e amigas dela. Na época as apresentações eram mais comuns, com aperto de mãos, mas quando chegou a vez de me apresentar para a Leila, eu e ela nos apresentamos com um beijo na boca. Acredita, Catarina? Não sabemos até hoje explicar isso. A partir daquele momento comecei a namorar com ela.

Como foi o primeiro encontro de vocês?

Antes desse jantar, um dia, logo nas primeiras semanas que havia chegado em Paracatu, quando estava chegando à tardinha da mineração e caminhando para a pensão, passei por ela e peguei o vidro de shampoo que ela havia deixado cair no passeio e entreguei para ela. Pensei "Nossa, que garota linda...". Foi a primeira vez que a vi.

A segunda vez foi numa terça-feira de Carnaval, no final da tarde estava também chegando da mineração com destino à minha casa, olhei para o outro lado da rua e observei um caminhão todo enfeitado de Carnaval e em cima duas mulheres de colan dançando. Parei no meio daquela multidão, que também estavam olhando, e fiquei encantado com a beleza dela. Ela usava um chapéu muito grande e com uma beleza jamais vista em todos os meus anos de vida. E olha que conheci muitas mulheres bonitas.

O que você mais gostou na minha avó?

Além da aparência maravilhosa, uma beleza comparada a uma esmeralda muito bonita, uma verdadeira obra de arte, o caráter, a personalidade, simplicidade e preocupação comigo fizeram eu amar e me apaixonar por ela. Ela até hoje é uma mulher muito bonita, mas quando eu a conheci ela era a mulher mais bonita da cidade.

Como foi o pedido de casamento?

Não teve um pedido formal, namorando ela engravidou e nos casamos.

Como foi o dia do seu casamento?

Um casamento simples. Casamo-nos no civil no dia 28/12/1984 e no religioso no sábado, dia 29/12/1984.

Você viajou na lua de mel? Para onde?

Não. Nossa lua de mel foi em um hotel na própria cidade de Paracatu. Não tínhamos dinheiro. Eu estava começando minha vida como profissional na área que eu havia estudado.

Quanto tempo você e minha avó ficaram juntos?

Nós nos conhecemos em abril de 1984 e nos casamos em dezembro desse mesmo ano.

Qual é o melhor conselho para manter uma relação saudável?

Boa pergunta.

1º. Se você já estiver casada, nunca falar em separação nem de coisas do passado que não importam no presente.

2º. Jamais discutir na frente das pessoas e evitar discutir na frente dos filhos.

3º. Nunca agredir um ao outro com palavras.

4º. Jamais guardar mágoa das palavras ditas ou de palavras que ouviu em momentos de ira.

Como se sentiu quando soube que seria pai?

Muito feliz e, também, preocupado com as responsabilidades que viriam à frente.

Como era a minha mãe quando criança?

Muito linda, calma, alegre, éramos e somos até hoje muito felizes pelos dois filhos que tivemos. Com o nascimento da Rita até a mãe da Leila, sua bisavó Alice, que sofria muito com depressão, começou a melhorar. Eu não via a hora de chegar em casa para ver e brincar com ela e Guilherme. Nos finais da tarde, ela sempre ficava no passeio da casa me esperando chegar da mineração e quando me via corria para abraçar.

Você criou seus filhos de um jeito diferente do que foi criado?

Sim. Foram criações diferentes por vários motivos, mas a essência, o caráter, a personalidade eu procurei sempre buscar nos meus pais aspectos que eu julgava importante para passar para meus filhos. Um exemplo: a honestidade do meu pai e o amor, a dedicação e a renúncia em favor dos filhos que via na minha mãe.

O que você mais gostou em ser pai? E o que achou difícil?

Da lição de vida que aprendi com a criação dos dois filhos foi saber que para se ter filhos fortes, responsáveis, tementes a Deus, felizes com a vida, determinados em vencer, arrojados, educados, bom marido e boa esposa, comunicativos, não precisa de muito dinheiro e sim de amor, responsabilidade e renúncia do "meu eu" para o "tudo para eles".

O que achei mais difícil foi quando cada um teve que partir para seus novos desafios. Guilherme para os EUA e Rita para Brasília. Mas foi aí que vi que eles estavam realmente preparados para encarar os problemas e as adversidades do mundo.

Qual o melhor conselho que você tem sobre criação de filhos?
"Pergunta extremamente importante."

Sobre ser avô

Quantos anos você tinha quando ganhou o primeiro neto?

Tinha 55 anos quando você, Catarina, nasceu.

Você se lembra de onde e quando eu nasci?

Sim. Você nasceu no dia 06/09/2015, era um domingo, no hospital Santa Lúcia em Brasília.

Você já sabia se eu seria menino ou menina?

Sim.

Você gosta tanto de ter netos quanto gostou de ter filhos?

Sim. Netos são uma extensão dos filhos.

Ter se tornado avô mudou você como pessoa? De que maneira?

Os netos alegram o coração do vovô e da vovó. Leila e eu estamos tendo o privilégio de acompanhar o crescimento dos netos, pois saímos do interior para morar perto de vocês.

Qual a maior diferença entre o seu avô e o avô que você é?

São tempos diferentes, situações diferentes, vivi com meus avós nas décadas de 1960 e 1970, mas temos características diferentes e iguais também. Por exemplo, meu avô Carmino gostava de contar muitas histórias, eu também gosto. Ele brincava muito com os netos, eu também gosto de brincar.

Do que mais gosta em ser avô?

De cantar louvores para os netos, ler versículos bíblicos e brincar com as brincadeiras de que eles gostam. Gosto também quando eles me chamam para fazer tarefas, estudar com eles para as provas, fazer desenhos ou coisas voltadas para os estudos. As paredes do meu apartamento sempre estão cheias de desenhos que eles fizeram. Tenho também guardado muitos desenhos que fizeram desde os primeiros aninhos de vida. Tenho bem organizada a evolução da vida deles, desde o nascimento, na nuvem que tenho acesso.

Para você, quais são os melhores momentos com os netos?

Não existe "o melhor momento", todos os momentos com os netos são maravilhosos. Tanto eu como Leila ficamos muito felizes quando no horário da refeição eles comem bem.

Qual o melhor conselho que você tem sobre criação de filhos?

Pergunta extremamente importante.

Catarina, eu poderia escrever um livro sobre esse assunto e acho que ainda teria espaço para mais conselhos. Mas a melhor maneira de expressar será por meio de um exemplo.

Criar filhos é como construir um grande edifício. Você deve primeiro preparar o terreno e construir a base, que seria desde o nascimento até a juventude; essa fase é que irá moldar o caráter, a personalidade, a inteligência, o comportamento da criança perante a sua família e principalmente na sociedade. Os pais devem se esforçar em conjunto com os filhos, para que eles cresçam com saúde, segurança, educação, equilíbrio, conscientes sobre o que é certo e o que é errado, respeitando as pessoas, dando a eles divertimento, boa alimentação e conhecimento da Palavra de Deus, ensinando o temor do Senhor – não é ensinar religião, é ensinar os princípios bíblicos que irão fortalecer e nortear a fé deles. Todas as forças dos pais e da família de um modo geral deverão ser colocadas nessa fase, pois é ela que irá "**sustentar**" toda a vida do filho. Chegará um momento na vida dos filhos que eles terão que conduzir suas vidas sós, por isso os pais devem desde o início capacitá-los, ensinando dia a dia, acompanhando o crescimento espiritual e o aprendizado secular. Chamo de aprendizado secular o conhecimento das várias etapas da Língua Portuguesa (alfabetização, gramática, leitura, o português de uma forma ampla, além do conhecimento de outras línguas, como inglês, espanhol, francês etc.), conhecimento da Matemática, Geografia, Física, História, fenômenos da natureza etc. À medida que a criança avança em idade, na família, com amigos, na escola, na sociedade de uma forma em geral, são cobrados os conhecimentos adquiridos anteriormente, ou seja, a **base é fundamental**. Um exemplo que sempre gosto de usar é o da Matemática: no 1º, 2º e 3º ano do ensino fundamental II (na minha época chamávamos de ensino médio), o jovem é muito cobrado em sala de aula de conhecimentos para solução de problemas, que já tem de estar em seu cérebro bem guardadinho. Esses conhecimentos (soma, subtração, multiplicação, divisão, frações etc.) irão dar condições para que ela possa resolver com maior ou menor dificuldade problemas como: limites, análise combinatória, derivadas, trigonometria, álgebra etc. Lembro que, quando estava estudando em Ouro Preto, certas provas valendo 10 pontos eram apenas uma questão, um problema que para a solução tinha que usar umas três folhas realizando cálculos para muitas vezes chegar a uma simples resposta, como $X = 8$. Na Física e na Química a mesma coisa, para solução de problemas é necessário o conhecimento básico.

Assim, Catarina, se você e seu marido não fizerem para seus filhos uma base bem-feita, eles começarão a ter dificuldades para avançar em mais aprendizados e se eles não avançarem, automaticamente começarão a ficar para trás, vendo os outros avançando e, lógico, nunca é tarde, mas isso não é bom.

Após essa fase, inicia, no exemplo que dei, a fase de alvenaria, construção das paredes, partes internas etc., que na vida do jovem é a fase que ele começa a conduzir sua vida por si só, lógico que com acompanhamento dos pais dando apoio moral, financeiro e muito amor. É o que seria a fase do "acabamento", de modo que, quando o filho se casa e constitui uma família, é como se o edifício estivesse pronto, aí é só a manutenção [risos].

Quais acontecimentos da sua vida foram os mais marcantes?
"Vou relatar alguns que tiveram um impacto grande na minha vida..."

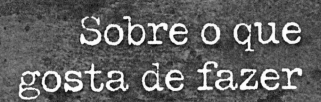

Sobre o que gosta de fazer

Quando era mais novo, o que você gostava de fazer no seu tempo livre? E agora?

Ler, namorar e viajar. As viagens hoje são com menos frequência e nos momentos de folga gosto muito de ler, meditar e fazer minhas próprias conclusões dos capítulos que leio da Bíblia.

Qual é o seu lugar preferido para viajar?

Nordeste, gosto muito das praias.

Você se lembra de qual foi a sua primeira viagem de férias?

Lembro muito de uma viagem que fiz em Ubatuba (SP), para onde fui com um amigo passar alguns dias na casa de uma irmã do meu pai.

Você tem alguma lembrança especial de férias?

Gostava muito de nas férias ir para Três Marias, uma cidade no interior de Minas Gerais.

Que lugares você acha que todo mundo deveria visitar?

Ouro Preto, Recife (PE) e Diamantina (MG).

O seu gosto musical mudou com o passar dos anos?

Sim.

O que você escutava quando era mais novo e o que gosta de escutar hoje?

Quando era jovem, escutava músicas do mundo, tanto as internacionais como as nacionais. Escutava mais as músicas dos Beatles (neste momento que estou digitando este livro, no final de novembro de 2023, aqui bem perto de mim terá um show com um dos principais componentes quando ainda havia essa banda, Paul McCartney). Gostava também de ouvir as músicas de Cat Stevens, Elvis Presley, Paul Simon e Garfunkel etc.

Hoje, só ouço as músicas que glorificam a Deus.

Você tem algum hobby? Qual?

Leitura, natação e caminhada.

Você pratica alguma atividade física?

Sim.

É a mesma que praticava quando era mais novo?

Quando novo gostava muito de natação, sempre gostei de nadar.

Você gosta de futebol? Para que time torce?

Sim, gosto. Torço para o Atlético Mineiro.

Você gosta de fazer trabalhos manuais? Qual é o seu melhor projeto?

Hoje gosto mais é de escrever assuntos relacionados à Palavra de Deus. Mas quando mais novo me dedicava muito aos afazeres da casa. Quando estudante, gostava de me envolver com coisas da mineração, que considero o meu maior projeto. Foi assim: havia uma matéria cujo nome era "Topografia", e foi dado para cada dois alunos desenvolverem um projeto de medição de um terreno utilizando um aparelho (que era da escola), de nome teodolito. Eu fiz com um colega de sala. O resultado foi péssimo, a nota não passou de 4,5. Fiquei muito chateado, pois gostava muito da matéria e tinha domínio. Perguntei ao professor se eu poderia fazer outro projeto, desta vez sozinho. Ele concordou. Escolhi um sábado e pedi a um amigo para me ajudar segurando a régua que era de mais ou menos 3 metros de altura e fui medindo ponto por ponto. Depois, quando todo o terreno estava cotado, fui para a sala de desenho na escola, coloquei as medidas no papel e consegui demarcar bem o terreno com as cotas, referência longitudinal e pontos de referência do terreno. Como resultado consegui a nota máxima, 10. Nunca esqueci aquele projeto.

Existe alguma coisa pela qual você não se incomodaria de ser acordado no meio da noite?

Acho que é só mesmo questão de saúde da família, no mais dormir é muito bom. Se quiser também me acordar para fazer uma surpresa e me dar um carro novo não me importaria [risos], brincadeira...

Qual é o melhor restaurante a que você já foi?

Coco Bambu, em Brasília.

Quais são os seus livros favoritos?

Coração – Diário de um Aluno (Edmundo de Amicis); *Os Sinos de Nagasaki* (Paulo Nagai); *Segredos e Mistérios da Alma* (Edir Macedo), *O Pão Nosso Para 365 Dias* (Edir Macedo); *Davi, Um Homem Segundo o Coração de Deus* (Charles R. Swindoll); *Desafios da Vida de Um Homem* (Patrick M Morley); *Gerando a Cultura Seis Sigma* (Cristina Werkema); *A Meta* (Eliyahu M. Goldratt - Jeff Cox); *Manual de Perfuração de Rocha* (Curt Herrmann); *Ele Andou Entre Nós* (Josh McDowell & Bill Wilson); *Casamento Blindado* (Renato & Cristiane Cardoso).

Quais são os seus programas de televisão preferidos?

Ultimamente não estou assistindo à TV.

Qual é o melhor filme a que já assistiu?

Por Quem os Sinos Dobram, de Ernest Hemingway (li o livro também).

Sobre suas lembranças

Quais foram os acontecimentos mais marcantes que influenciaram a sua vida?

1º. Receber o Espírito Santo. Isso aconteceu quando eu estava na Igreja, em 15/04/2011. Foi em um culto, numa sexta-feira. A partir daquele dia, procurei valorizar o "tesouro" que havia dentro de mim e procurei sempre ser direcionado pelo Espírito de Deus. Todas as decisões sempre foram tomadas segundo a vontade de Deus. Comecei a buscar em mim um coração que agradasse a Deus e até hoje estou nessa fé.

2º. Casamento. Mudou para melhor a minha vida, tornar-se pai é uma alegria e uma realização muito grande na vida de qualquer homem.

3º. Minha aprovação na ETFOP em 1978. A princípio no curso de Metalurgia e depois Mineração.

4º. Meu primeiro emprego de carteira de trabalho assinada, em 1973.

5º. Mudança minha, da Leila e da minha sogra para Brasília, em janeiro de 2017.

Há alguma música, um cheiro ou outra coisa que lhe desperte boas lembranças?

Sim, quando ouço em algum local músicas dos Beatles ou Cat Stevens me vêm as lembranças da minha adolescência, viagens que eu fazia e lugares que eu conheci, mas são só lembranças.

Quais dos seus sonhos se tornaram realidade?

Minha família. Desde o momento que me casei, lutei muito, com Leila, para ter uma família que viesse a ser motivo de honra para nós. Não foi fácil, mas conseguimos. O segredo? Renúncia e sacrifício. Eu e Leila tivemos de renunciar a muita coisa para poder nos dias atuais nos deitarmos e dormirmos com a nossa consciência tranquila do dever cumprido.

Você tem algum lema de vida?

Sim. Devemos viver pela fé, pela razão e pela inteligência (que é o espírito) e nunca pelo coração. Quem deixa se levar (viver) pelo coração, sofre, padece, se decepciona.

Fale sobre suas maiores conquistas. Foi difícil alcançá-las?

Olha, Catarina, não foi fácil conquistar o que considero a maior de todas as conquistas, A FAMÍLIA. Eu e Leila lutamos muito para ter a família que temos hoje. Você, Pedro e Francisco são o resultado desse sacrifício. As famílias que se uniram à nossa, com seus filhos, meu genro Lucas e minha nora Louise, não se uniram ao acaso, foram enviadas por Deus. Ele ouviu nossas orações, nos unindo a famílias tão amáveis, carinhosas, fortes, que também valorizam o casamento como uma instituição de Deus. Agradeço a Deus por isso.

Uma grande parte das famílias, nos dias de hoje, estão se degradando, se dividindo, esfriando o amor entre elas, que eu considero a base maior de sustentação de uma pessoa na sociedade. Quando um homem e uma mulher se casam, para que consigam formar uma família forte, com filhos equilibrados emocionalmente, é necessário antes de tudo que haja amor, renúncia, sacrifício e temor a Deus. A busca pela prosperidade financeira não pode ser a todo custo. Quantas vezes eu abri mão de uma proposta financeira melhor na minha vida profissional para não trazer problemas na família.

Os pais devem colocar toda a força, todo o empenho, dia após dia, para esta conquista maravilhosa. A conquista por uma família unida, equilibrada, próspera em todos os sentidos não é fácil, tem que haver sacrifício e renúncia. Jesus disse isso para quem quiser conquistar o Reino Dele:

"Se alguém quiser vir após mim, renuncie-se a sim mesmo, tome sobre si a sua cruz, e siga-me; porque aquele que quiser salvar a sua vida, perdê-la-á, e quem perder a sua vida por amor de mim, achá-la-á. Pois que aproveita ao home ganhar o mundo inteiro, se perder a sua alma? Ou que dará o homem em recompensa da sua alma?"(Mateus 16:24-26).

Você conheceu alguma pessoa famosa? Quem? O que achou dela?

Sim, teve uma que só o fato de ter conhecido mudou a minha vida. Jesus Cristo, o Filho do Deus Vivo. Este, sim, valeu a pena ter conhecido.

Que lição de vida gostaria de transmitir para mim?

Você, Catarina, é a primogênita da minha segunda geração. Vou lhe passar a essência de toda a minha vida.

Ao longo de nossa vida nos deparamos o tempo todo com tomadas de decisões. Essas decisões sempre terão resultados e estes podem ser bons ou ruins. Isso nos deixará alegres, felizes ou tristes, preocupados ou mesmo ansiosos. Há também situações que não dependem de nossas ações e que também irão impactar nossas vidas. Sendo assim, nossa vida será resultado, fruto das decisões tomadas dia a dia e de situações que acontecem e que nós não temos poder para evitá-las.

Quando estamos diante de ações a serem tomadas, temos que decidir se agimos com base no espírito (que é a inteligência) ou se agimos pela emoção (coração). A forma com que você irá agir fará toda a diferença na sua vida.

Devemos sempre agir e tomar decisões pelo espírito, ou seja, usando inteligência, raciocínio, bom senso, pois o Espírito Santo se "comunica" com o nosso espírito e não com o nosso coração. O relacionamento de Davi com Deus era por meio do espírito dele com o Espírito de Deus. Isso o fazia um homem forte e pronto para as batalhas. Veja o que está escrito no livro de Salmos (este versículo foi escrito pelo próprio Davi):

"Tenho posto o Senhor continuamente diante de mim; por isso que ele está à minha mão direita, nunca vacilarei" (Salmos 16:8).

Veja que Davi não falou de Deus agindo no coração dele, e sim na mão que representa <u>força</u> para vencer todos os obstáculos. Quando você age pelo raciocínio, você pode até errar, mas as chances são mínimas.

As necessidades de decisões acontecem o tempo todo em nossa mente, há momentos que você deve ter cautela, pensar bem e não se deixar agir pelo coração. O coração é o centro das emoções e às vezes algo até parece ser bom para você, mas na frente verá que não foi uma boa opção e que decisões tomadas pelo coração podem prejudicar tanto outras pessoas como você própria.

Quando algo vem de inesperado sob sua vida, você deve agir também com raciocínio, sempre buscando a Deus e lembrando dos versículos bíblicos. Há momentos na vida que o coração fala mais alto, queremos até chorar ou nos desesperar, mas seu espírito (inteligência) assume o controle de imediato e direciona você. Assim, no meio da tribulação, você lembra de Hebreus 10:38: *"Mas o justo viverá pela fé; e, se alguém se retirar, a minha alma não tem prazer nele".* Desta forma você se recupera e continua a caminhada, pois sabe que Deus está com você. Por isso é importante que você viva pela fé, dessa forma terá a verdadeira paz, a paz que Jesus deixou para os que creem nele, somente para os que creem. Ele disse em João 14:27:

"Deixo-vos a paz, a minha paz vos dou; não vo-la dou como o mundo a dá. Não se turbe o vosso coração, nem se atemorize". A paz a que Jesus está se referindo é diferente da paz que o mundo proporciona. A paz de Jesus não depende de situação, de condições financeiras, de pessoas, de local etc. Você pode até estar em grande tribulação, mas mesmo nela consegue ter paz.

Nunca abandone a sua fé, ela ao longo da vida será provada. Haverá momentos em sua vida, na do Pedro e do Francisco que só por meio da fé vocês serão sustentados, ninguém poderá fazer algo por vocês, nem mesmo os pais, nem amigos ou quem for, somente a fé lhes sustentará para passarem pelas provações da vida.

Veja o que o apóstolo Pedro disse em I Pedro 1:7: *"Para que a prova da vossa fé, muito mais preciosa do que o ouro que perece e é provado pelo fogo, se ache em louvor, e honra, e glória, na revelação de Jesus Cristo".*

Você se lembra de alguma peça que pregou em alguém e que faça você rir até hoje?

Na realidade foi o Guilherme quem pregou em mim. Eu estava numa tarde descansando depois do almoço no sofá, em Paracatu, e o Guilherme namorava nessa época com Louise. Aí ele me ligou e disse: "Pai, a Louise está grávida". Eu me levantei meio atordoado e disse: "Tá brincando!!!!!". [risos] Era brincadeira dele, mas me assustei.

Quais acontecimentos da sua vida foram os mais marcantes?

Vou relatar alguns que tiveram um impacto grande na minha vida. Além destes, outros acontecimentos marcaram de alguma forma minha vida, mas vou citar apenas estes.

1º – Este foi o que eu considero o maior desafio da minha vida. Eu não faria novamente nem aconselho a ninguém fazer. Foi assim: eu deveria ter mais ou menos 15 anos e namorava uma moça na cidade de Três Marias (MG). Ela morava em uma casa abaixo da ponte do Rio São Francisco, os pais dela eram donos de um restaurante naquele lugar. Essa ponte fica na BR 040, sentido Brasília – Belo Horizonte, e tem algo em torno de 360 metros. Um certo dia a mãe dela me fez um desafio perguntando se eu tinha coragem de atravessar o Rio São Francisco nadando com ela. Eu aceitei. Loucura. Eu sabia nadar, mas era perigoso, a correnteza estava forte, o rio estava bastante agitado e o nível da água estava alto (era temporada de chuva). O pai dela, preocupado, falou que iria nos acompanhar com um barco, mas, mesmo assim, era perigoso. Pedi um tempo para analisar como eu faria. Cheguei às margens, olhei para cima e para baixo, o rio realmente estava muito agitado. Fui até a ponte e de lá de cima tornei a olhar. Vi que as laterais eram menos agitadas que o meio. Analisei como teria que fazer.

Desci, coloquei o calção e estava pronto. Ela, uma senhora que na época deveria ter 35 anos, também colocou seu maiô (lembro até a cor, vinho) e falou: "Preparado, garoto?". Naquela hora meu coração bateu mais forte, mas falei: "Sim!!". De repente ela pulou, pulei logo em seguida (não estava com óculos nem touca e na época meu cabelo era grande, atrapalhando um pouco a visão).

Na minha estratégia eu deveria nadar uns 200 metros pela lateral subindo ao contrário do sentido natural do rio para depois iniciar a travessia. Assim fiz. Nadei, nadei, subindo o rio, procurando sempre ir aonde a água não estava muito agitada. Em certo momento comecei a virar nadando no sentido do meio do rio e, à medida que avançava, percebia a força da água me levando com a correnteza. Procurei manter controle forte emocional, não me desesperando ao dar as braçadas, e não via barco algum próximo a mim. Nesse momento as braçadas nem tinham muito mais sentido. Era tudo ou nada, comecei a nadar forte sempre procurando manter o equilíbrio, sem me desesperar e forçando sair do meio do rio, indo para a lateral. Em certo momento nadando, percebi que já estava bem abaixo do ponto de partida, aí achei forças onde não tinha mais, a "raça" que sempre tinha no judô, que fazia eu ganhar os campeonatos, e principalmente Deus, que sempre esteve comigo, me ajudaram. Consegui sair das águas agitadas e relaxar um pouco nas águas mais tranquilas e cheguei à outra margem.

A HISTÓRIA DO MEU AVÔ

Foi sem dúvida um grande desafio. Não aconselho ninguém a fazer algo parecido. Ah, e quanto à namorada, aquele dia foi o último que a vi.

2º – Um outro fato marcante foi um acidente que aconteceu em uma mina da mesma empresa em que eu trabalhava, aproximadamente a 120 km da cidade onde eu morava. Como a mineradora havia sido paralisada, me transferiram para esta outra mina, isso para não me demitirem, pois com a paralisação foram demitidos mais de 500 funcionários de um total de 627.

Essa mineração era a "céu aberto" e "subterrânea". Passava um rio dentro da mina subterrânea, o lençol freático tinha muita água e por causa desse volume alto de água era muito trabalhoso retirar o minério. As galerias (acessos ao corpo de minério) sempre ficavam com água e isso dificultava muito o processo de perfuração e detonação da rocha. Um dia uma equipe encontrou um problema na perfuração e, para resolver, vieram alguns engenheiros, supervisores e até o subgerente da empresa. As galerias eram de mais ou menos 4 metros de largura por 3 metros de altura. A energia usada na mina (e nessa mina em especial a energia era muito alta devido à quantidade imensa de bombas que ficavam no fundo da mina para retirar todo aquele volume de água do subsolo) vinha em cabos de alta-tensão no teto das galerias. Todos os funcionários, para descerem para a mina, tinham que colocar, além do capacete e da lanterna, roupas próprias e uma bota de borracha que ia até os joelhos. Foi esse o motivo que salvou a vida de alguns.

Quando todos (operadores, supervisores, gerente e engenheiros) estavam analisando na frente da galeria qual seria a melhor opção para furar a rocha, um operador do jumbo (máquina que fazia as perfurações na rocha) deixou que a haste do equipamento batesse no cabo elétrico de alta voltagem que passava no teto e este veio a se partir e cair energizado no piso da mina, que estava com muita água. Aqueles homens cujas botas de borracha a água não cobria sobreviveram (a borracha é isolante) e aqueles que o nível de água estava acima da bota, ou seja, água em contato com o corpo, morreram na hora e foram no mesmo instante sete pessoas, inclusive o subgerente da mina. Esse acidente foi divulgado não só no Brasil, mas também em vários países. Nunca mais esqueci essa tragédia e me mostrou a importância dos cuidados com a segurança.

3º – A demissão da mineradora em que eu trabalhava. A fé nos dá segurança, paz e equilíbrio em momentos difíceis em nossas vidas. Tenho visto isso ao longo destes 63 anos de vida.

São vários os momentos que passei na vida em que de repente uma notícia mudou radicalmente a minha rotina. Um exemplo disso foi no dia 13/12/2007. Não esqueço essa data, pois era aniversário do meu afilhado, Marcelus, filho da minha irmã Rose.

Cheguei às 8h na empresa, tomei meu café e liguei para ele, que naquele ano morava no Rio de Janeiro, dando os parabéns pelo aniversário. Após isso entrei para o local de trabalho, que ficava na sala de comando do guincho da empresa. Esse guincho era o equipamento que retirava todo o minério da mina subterrânea e jogava em um sistema de britagem para reduzir os blocos grandes e por meio de correias transportadora levava para a usina, que moía essa rocha e separava os metais zinco e o chumbo. Nessa época eu trabalhava na mina, mas fui supervisor por muitos anos dessa usina também. Ao chegar à sala o telefone tocou e era meu chefe, gerente da mina. "Carmino, vem aqui na minha sala que preciso conversar com você". Quando cheguei lá, ele pediu para que eu me assentasse e começou a falar: "A notícia que vou lhe dar não é da minha vontade e sim da gerência geral da empresa. Você está demitido". Começou a falar o motivo e eu via que lágrimas começavam a aparecer nos olhos dele. Esse gerente gostava muito de mim, ele era um verdadeiro líder, humano, competente e muito humilde. Falou muito, só elogiando e no final perguntei para ele: "Julio, mas qual o motivo? Tem a ver com o programa TPM?" TPM significa *Total Productive Maintenance*, em português, manutenção produtiva total, eu era o líder do programa em todas as 13 empresas do grupo. Ele disse "Sim, tem a ver". Falei olhando nos olhos dele: "Julio, agradeço por tudo que você fez por mim nestes anos, mas fique tranquilo, o Deus que eu creio e sirvo abrirá outras portas para mim" e pedi para providenciar um carro para me levar naquela mesma hora para minha casa em Paracatu. Não queria ficar mais na empresa, peguei minhas coisas na sala do guincho, fui embora e nunca mais voltei para aquela mineradora.

Catarina, quando você crê e confia em Deus, você fica tranquila porque sabe que Deus a honrará mais cedo ou mais tarde, mas Ele não se esquecerá de você. Eu sabia e tinha essa certeza, tanto é que fiquei tranquilo, mas eu não imaginava que a resposta de Deus viria tão rápido.

Quando o motorista da empresa estava me levando para casa, o telefone celular tocou (naquela época estava começando o uso do celular e era só para telefone, não tinha internet, não havia ainda o Google e outros aplicativos). Atendi o telefone ainda na estrada:

— Alô – eu disse.

— É Carmino? – uma voz perguntou do outro lado da linha.

— Sim, pode falar – eu disse.

— Carmino, aqui é da gerência geral do grupo, em São Paulo, e ficamos sabendo agora há pouco que você foi demitido, mas estou ligando em nome da diretoria para lhe dizer que se você tiver interesse já tem um emprego garantido aqui lhe aguardando, com salário maior que o que você recebia. Pode trazer sua família que lhe daremos todo o suporte necessário para ajudá-los na nova morada aqui em São Paulo.

Agradeci e fiquei de dar o retorno, só que sabia que não teria como me mudar para São Paulo e levar Leila, Alice e Maria. Estas duas últimas (Alice, minha querida sogra, e Maria, irmã dela) não conseguiriam morar lá pela idade avançada em que já estavam e eu tampouco iria largá-las.

Cheguei em casa falei com Leila que eu havia sido demitido. Tomei um banho, almocei e no início da tarde recebi outra ligação, desta vez de uma outra grande mineradora de Ouro Preto, que ficava na mesma cidade que eu morava.

— Carmino? É o Sérgio, tudo bem? – Ele era um supervisor amigo meu que trabalhava nessa mina.

— Oi, Sérgio, tudo bem e você?

— Carmino, fiquei sabendo agora da sua saída da mina. Você tem interesse em trabalhar aqui conosco?

— Sim – disse eu.

— Então a empresa irá entrar em contato com você.

E se despediu. Mais tarde o gerente da empresa me ligou, conversamos e marcou uma entrevista.

Uma semana depois que saí daquela mineradora já estava no novo emprego, com um salário ainda maior. Quando eu conversava com ele, lembrava das palavras que dizia ao Júlio quando recebi a notícia de demissão. Muito forte... Nossa fé é o maior patrimônio que temos, nunca devemos abandoná-la.

Fiquei por cinco anos nessa empresa e depois saí aposentado, aos 50 anos.

4º – O eletricista

Um outro fato que marcou também muito a minha vida foi uma palestra que tivemos quando trabalhava na mina de ouro. Foi assim: estávamos na sala quando entrou um rapaz, nos cumprimentou e começou a palestra. Ele falou que iria narrar o acidente que o deixou sem os dois braços. Contou tudo e falou onde foi a falha que fez com que a vida dele mudasse completamente. Depois de falar do acidente, falou como passou a ser a sua rotina de vida, de fazer as necessidades fisiológicas, se alimentar etc. O que me deixou perplexo foi o **equilíbrio mental** dele diante de tal situação. Ele perdeu os dois braços, mas não perdeu a vontade de viver, foi "abatido", mas não destruído. Lembrei-me de um versículo da Bíblia:

"Temos porém, este tesouro em vasos de barro, para que a excelência do poder seja de Deus, e não de nós. Em tudo somos atribulados, mas não angustiados; perplexos, mas não desanimados. Perseguidos, mas não desamparados; abatidos, mas não destruídos". **(2Coríntios 4:7-9 Almeida Corrigida Fiel - ACF)**

5º – Um outro fato marcante foi quando, na década de 1990, iniciou a introdução da Qualidade Total nas empresas e eu fui nomeado a fazer parte do grupo de pessoas que iriam conduzir o processo nas empresas.

Os treinamentos eram muitos, viagens para outros estados eram constantes. Lembro-me de uma vez que, ao retornar de avião para Brasília, fui visitar minha querida filha no emprego que ela estava trabalhando, antes de ir para Paracatu. Sem que ela estivesse esperando, cheguei ao local de trabalho dela. Era um restaurante na beira do Lago Paranoá, no Pontão. Quando cheguei, era de manhã e ela me apresentou o restaurante e falou de suas atribuições. Ela só não atendia os clientes, mas cuidava da limpeza, da grama no jardim etc.

Confesso que sai de lá com um nó na garganta, com vontade de chorar, mas o raciocínio, a inteligência me dizia que ela ficaria ali por pouco tempo, só mesmo até concluir o curso de Direito que estava fazendo. O caráter dela, a personalidade e a vontade de vencer iriam fazer diferença na vida dela e fizeram. O trabalho dignifica a pessoa e tanto Rita como Guilherme sempre tiveram garra, ânimo, vontade para vencer e sabiam o que queriam na vida.

Passou algum tempo, ela estava se formando e daí em diante as portas só foram se abrindo para ela.

Eu e Leila nos orgulhamos dos filhos, pois nas lutas e dificuldades eles não nos decepcionaram, ao contrário, são motivos de alegria e paz em nossas almas. Hoje nós nos deitamos e dormimos tranquilos, pois temos a consciência limpa pelo dever cumprido, criamos nossos filhos com caráter e preparados para a vida.

Conclusão: "**Quanto maior a luta, maior a vitória**".

6º – Quando à noite olho para o céu e vejo as estrelas, sempre me lembro da reforma do telhado da casa da Alice, onde moramos por vários anos, eu, Leila, Rita e Maria (tia da Leila). Rita tinha quase 2 anos, Guilherme ainda não era nascido e resolvemos trocar o telhado. A casa era uma das mais velhas do bairro, muito antiga. Alice e Maria, com os pais delas, Lauro e Violeta, vieram ainda novas da Fazenda Pouso Alegre, onde nasceram. Quando eu mudei para lá a casa deveria ter aproximadamente 100 anos.

Para fazer a reforma, Leila, Alice e Rita foram para minha casa em Belo Horizonte e Maria ficou em Paracatu, na casa de um irmão dela. Como eu precisava trabalhar, fiquei também em Paracatu. Durante o dia ficava na empresa trabalhando e à noite dormia na casa onde a reforma estava sendo feita. Como o telhado foi totalmente arrancado, durante mais ou menos sete dias dormi sem ele (ainda bem que não choveu [risos]). À noite dormia olhando para o céu e apreciando as estrelas. Muito bacana.

Catarina, esta pergunta realmente fez com que eu lembrasse muitos acontecimentos que de alguma forma marcaram nosso passado.

7º – Agora um outro acontecimento que marcou muito minha vida foi um livramento de vida que Deus me deu. Foi assim: eu trabalhava em uma mineração a céu aberto, que foi o emprego que me levou sair de Belo Horizonte e ir morar em Paracatu. Essa mina era uma pedreira de mais ou menos 100 metros de altura, ficava em uma serra a 10 km da cidade. O processo de detonação e desmonte da rocha começava no alto da montanha, fazíamos bancadas e estas tinham uns 20 metros de comprimento por 3 metros de largura. Assim íamos desmontando toneladas e toneladas de rocha para fabricação de calcário e brita. O calcário dolomítico é utilizado para corrigir o pH do solo nas plantações. Toda plantação precisa que o pH do solo esteja corrigido e o cálcio e o magnésio existentes na rocha ajudam a corrigir a acidez do terreno. Após a detonação, toda rocha era levada por caminhões para o setor de beneficiamento, onde a rocha era reduzida por meio de britadores até ficar bem pequena. Certo dia, uma sexta-feira, pela manhã, estávamos limpando o pé da pedreira (parte debaixo da bancada, na praça onde os caminhões trafegavam). Para você ter uma ideia, Catarina, imagine um edifício de 35 andares e uma equipe limpando o passeio desse edifício. Imagine uma pessoa no passeio e alguém jogando algo da janela, corria-se o risco de cair na pessoa e machucá-la, né? Pois bem, havia duas equipes limpando o "pé da pedreira" com enxadas e pás para acertar o nível da praça (no caso do exemplo que dei, o passeio do edifício). Uma equipe tinha quatro operadores e a outra, que estava a uns 20 metros de distância, tinha uns cinco ou seis operadores. Eu ficava acompanhando as duas equipes. Em um certo momento, saí de perto de uma equipe e fui olhar o serviço da outra equipe. Desabaram algumas pedras lá de cima e grande parte caiu justamente onde eu estava. Algumas dessas pedras atingiram a cabeça de um dos operadores e mesmo estando com capacete não foi suficiente para protegê-lo.

Colocamos ele na caminhonete, mas antes de chegar ao hospital já havia falecido.

Essa mina era muito perigosa, outros acidentes aconteceram, até fatais. Mas quando aconteceu um outro que corri muito risco de vida, pedi demissão e saí da empresa. Neste último o operador ficou sem os dedos de uma das mãos devido a uma explosão de uma espoleta que estava no estopim.

8º – Catarina, nossa vida é composta de decisões que tomamos a todo instante, já falei disto neste livro. Essas consequências, ou resultados, das decisões tomadas podem ser boas ou ruins, mas o que importa ao tomá-las é que estejam alinhadas com a nossa consciência e com a vontade de Deus. Por isso estas decisões devem ser tomadas com inteligência, raciocinando o que pode acontecer, e foi isso que aconteceu comigo em 2010, quando era supervisor de turno de uma usina de concentração de uma mina de ouro, foi assim: naquele dia eu estava trabalhando no turno das 00h às 8h. Por volta de 3h da madrugada eu estava andando no piso 3 da usina (a usina tinha cinco andares e tudo feito de estrutura de ferro, havia pouca construção de alvenaria). Nesse momento, ocorreu uma falta de energia e todos os equipamentos desligaram. Começou a haver uma inundação no piso da usina.

Quando a energia faltava, os geradores começavam a funcionar imediatamente, era automático, para colocar todos os equipamentos imediatamente em funcionamento devido ao imenso volume de polpa que transitava dentro destes, só que nesse dia os geradores não deram partida.

Para se ter uma ideia da gravidade do problema que estaria por ocorrer e pelo qual eu era o responsável, o piso onde ficavam as bombas que bombeavam a polpa (polpa é o nome dado à mistura de água e minério moído) para as células de flotação (tanques com agitação mecânica que através de um processo físico-químico separavam o ouro da lama). Ficavam nesse piso várias bombas e cada uma chegava a ter a altura de uma casa, com as bombas havia motores elétricos que as faziam funcionar e era esse o problema, o meu "medo" era uma transmissão elétrica através da água e do minério atingindo o operador, exatamente o que aconteceu na mina subterrânea que eu já trabalhei em outra cidade e mencionei anteriormente aqui.

No terceiro piso, olhando para baixo com o rádio de comunicação (todos os operadores usavam rádio para se comunicar uns com os outros e com a central que controlava, por meio de computadores e vídeo, todos os equipamentos da usina). Eu escutava os operadores se comunicando em emergência com a central e vice-versa na intenção de colocar as bombas para funcionarem com urgência, pois havia ocorrido a falta de energia e com a falha dos geradores elas não funcionavam. Calado, só escutando no rádio, eu observava o momento de "pânico" que estava começando a acontecer.

Como o volume de polpa que estava caindo dos níveis acima no piso, devido aos equipamentos terem parados com a falta de energia, era muito grande, o piso começou a encher de uma forma que nunca havia visto.

Lá de cima, calado, sozinho, via os funcionários transitando na usina com a intenção de amenizar o problema e colocar as bombas para funcionar. O ouro que estava perdendo era muito, quilos e mais quilos de ouro sendo levados para a barragem de rejeito com a polpa (polpa é o nome dado à mistura de água e minério moído). Todos nós estávamos cientes do prejuízo, os operadores estavam fazendo de tudo naquela madrugada para reduzir o prejuízo.

Naquele momento eu estava pensando, raciocinando o que nenhum deles estavam pensando, pois o foco deles estava no ouro e não nas pessoas, isso era natural devido ao momento, mas o risco de morte que estava ocorrendo era grande. Um acidente fatal envolvendo uma ou mais pessoas estava para acontecer a qualquer momento. A partir do momento em que a polpa subisse ao ponto de entrar em contato com os cabos e motores elétricos, que a qualquer momento poderiam ser energizados, pelos geradores ou mesmo pela volta da energia, os operadores que estivessem com essa polpa acima de suas botas de borracha poderiam ser mortos eletrocutados, como já disse, vi isso acontecer em uma outra mina subterrânea. Daí por volta de 5 horas da manhã dei ordem para todos abandonarem o piso e as plataformas, que eram de ferro, e o risco se estendia para elas também. A polpa contendo o ouro começou a sair da usina em forma de um pequeno rio e quando o turno administrativo e os engenheiros chegaram se assustaram muito com toda s situação e começaram também a agir.

Na análise do acidente que ocorreu, da qual participaram eu, alguns operadores da minha equipe, engenheiros tanto da área operacional como de segurança, foi concluído que minha atitude **SALVOU VIDAS**. Mas meu chefe perdeu suas metas e sem falar o motivo, no momento oportuno, me demitiu. Não me importei pela demissão, pois minha consciência estava tranquila. VIDAS, ISSO É O QUE IMPORTA.

Deus nunca me desamparou. Poucos meses após essa demissão, eu já estava aposentado e recebendo salário fixo todo mês. Daí comecei a trabalhar como sócio do meu filho Guilherme, onde estou até hoje.

9º – Rita e Guilherme estudaram em escola pública até os 4 anos. A partir daí foram para escola particular e mantê-los financeiramente foi muito difícil. Utilizei todos os recursos disponíveis, realizando horas extras no trabalho, adicional noturno (trabalhava muito à noite), dinheiro de férias (nas férias não viajava e o dinheiro ia para cobrir gastos que eram necessários na época, como as matrículas no final do ano). Tinha também o 13º e 14º salários, no final do ano. O 14º salário era para o profissional que conseguia cumprir com as metas estipuladas pela empresa e quase sempre eu conseguia. Um outro recurso que eu evitava utilizar, mas quando não tinha outra forma eu fazia uso dele, eram os empréstimos no banco e houve momentos muito difíceis que até a agiota eu tinha que recorrer, tudo isso para não tirar os meninos da escola. Todo esse esforço para manter os filhos em escola particular fez com que eu e Leila tivéssemos de abrir mão de viagens, restaurantes, conforto na moradia, carro etc. Grande parte da vida fiquei sem carro e esse foi o motivo de colocar esse assunto neste livro.

Houve uma época que pedi para me desligarem da empresa, com o dinheiro da demissão comprei uma caminhonete e com outra paguei dívidas e assim iniciei uma vida de empresário. Comecei a vender óleo lubrificante. No início foi muito bom. Todos os dias pela manhã levava Rita e Guilherme à escola de carro, mas com o passar do tempo meu capital de giro foi diminuindo e não consegui mais pagar as mensalidades da escola. Um certo ano, quando chegou o final do ano, não tinha como matricular os meninos. Como eu iria pagar as mensalidades atrasadas se meus recursos financeiros já estavam esgotados?

Lembro-me direitinho, como se fosse hoje, de que peguei meu carro e fui para a escola. Era uma manhã clara, dia bonito e chegando lá me reuni com o diretor e começamos a conversar. Um dos diretores no final da conversa falou: "Carmino, se eu estivesse no seu lugar e não tivesse como continuar com os filhos em escola particular, eu os tiraria da escola e colocaria em uma escola pública". Ele indiretamente deu o recado de que não poderia parcelar todo o débito para pagar no próximo ano. Ele não estava errado. O raciocínio correto era esse mesmo. Mas pensei: Rita iria para o 3º ano do fundamental, daí teria que se preparar para o vestibular. Guilherme ainda teria mais dois anos. Eu precisava do carro para continuar trabalhando, as entregas dos tambores de óleo eram com o carro, aí me decidi e falei: "Vocês aceitam meu carro para que os filhos continuem a estudar?". Eles aceitaram na hora, pois era uma caminhonete boa e, também, quiseram me ajudar. Tanto os diretores daquela escola como professores e coordenadores foram pessoas que agregaram muito para a educação dos meus filhos. Daí paguei toda a dívida, fiz a matricula e fiquei com um semestre de crédito. Agradeci e fui para casa a pé.

Dois anos depois Rita já estava na faculdade e Guilherme já havia se formado e tinha ido estudar e trabalhar nos EUA.

Ao todo foram dois carros entregues nessa escola para que os filhos pudessem se formar.

10º – O curso na fazenda

Certo dia, ainda quando trabalhava na mineração, fui convocado para fazer um curso em uma fazenda, próximo às minas de Paracatu e Vazante (MG). Lembro que estávamos todos assentados em uma varanda escutando o instrutor e de repente uma cobra passou entre nós [risos]. Que susto! era uma cascavel, mas não foi isso que fez com que aquele curso ficasse gravado em minha mente pelo resto da vida (e olha que fiz dezenas de cursos, foram muitos mesmo).

O instrutor chegou, cumprimentou e falou o motivo do curso. A turma era de umas 15 pessoas, entre supervisores, geólogos e engenheiros.

Ele colocou um suporte para fixar um quadro em branco com aproximadamente 1,2 m de comprimento por 0,8 m de largura e disse: "Esta equipe foi escolhida pela diretoria para fazer um lindo quadro" e colocou uma condição: "Se o desenho ficar em um nível esperado, será divulgado e colocado em lugar de honra. A regra é que todos participem, cada um irá levantar e dar sua contribuição. Vocês têm até as 16h para terminar. Bom desenho, darei uma saída e no final da tarde estarei aqui".

Eu pensei "Tem algo estranho neste desenho...". Olhei em volta e calculei mais ou menos o salário de cada um e multipliquei pelo número de pessoas e pensei "É muito dinheiro aqui parado para simplesmente fazer um quadro bonito", mas começamos.

Antes de tudo conversamos todos e projetamos o que faríamos, em consenso decidimos desenhar uma casa no meio de uma fazenda.

Seguimos a regra direitinho, cada um levantava e fazia algo e assim o lindo desenho foi tomando forma e cada vez que um fazia algo ficávamos mais maravilhados e apaixonados pelo quadro. Houve momentos que quando alguém fazia um detalhe que melhorava a imagem todos batiam palmas.

A empolgação foi tanta que o sorriso e a alegria estavam estampados no rosto de cada um. Lembro até de alguns comentários: "Nossa... foi o maior projeto da minha vida", dizia um". "Se minha esposa estivesse aqui ficaria orgulhosa de mim", dizia outro. "Quando este quadro estiver na empresa, as pessoas que virem ficarão orgulhosas de mim" dizia outro.

Quando chegou o fim da tarde, o desenho estava concluído. Uma verdadeira obra de arte. Naquela época o celular era somente para ligação, não tinha câmera nem internet, se tivesse poderia hoje estar mostrando o desenho, que na realidade durou pouco. Quando o instrutor chegou, pegou o desenho, ficou olhando, elogiando, eu olhava para os colegas e a cara de alegria e orgulho de alguns era até visível. Alguns falaram que não sabiam que tinham esse dom de desenhista, outros diziam que tinham mais dom para pintura que para engenharia.

De repente o que aconteceu deixou todos atônitos, de boca aberta, sem saber se o que estava acontecendo era realidade. Aqueles sorrisos em segundos viraram tristeza; o instrutor quebrou em vários pedaços o quadro que fizemos. Aí, em aproximadamente 30 minutos, começou a lição do dia.

A vida é assim, muitas vezes você dedica anos e anos em prol de algo, seja em uma empresa ou em uma profissão, na compra de uma casa ou carro, relacionamento com pessoas, investimentos, criação de animais, amizades etc. Às vezes dedicamos anos naquilo e em frações de horas ou minutos aquilo já não nos pertence ou até não existe mais. Na realidade ele estava se referindo mais aos cargos que ocupávamos na empresa. A mensagem que era para ser passada era de que nós, profissionais, deveríamos sempre estar preparados para a qualquer momento sermos transferidos para outras empresas do grupo ou mesmo para mudar de função (e isso mais tarde acabou acontecendo comigo). Vi isso acontecer também quando houve uma recessão no país e a empresa parou por alguns anos suas atividades. Muitos foram demitidos e outros transferidos para outras unidades; os que ficaram, alguns tiveram que realizar serviços que antes nem imaginavam fazer. Lembro muito bem que quando o gerente da empresa assumiu perante a diretoria a responsabilidade de começar a produzir ao invés de fechar por definitivo as portas da mineradora, todos nós que ficamos começamos a trabalhar realizando funções que para muitos não foram as que realizavam antes. Vi alguns engenheiros fazendo serviços que antes eram feitas por operadores, outros realizando funções estando subordinados a pessoas com nível de instruções e formação técnica abaixo das deles, tudo isso para iniciar novamente uma mina que estava parada e precisava começar novamente. No meu caso, nesse período, para não ser demitido, fui colocado na portaria, subordinado aos profissionais de segurança patrimonial. Era eu que, quando saíam e entravam carros, caminhões ou ônibus na mineração, abria e fechava o portão principal. Mas esse exemplo serve para toda a nossa vida. Por isso a importância de se viver pela fé, pela inteligência e não pelo coração, pelas emoções, pois se em algum momento perdemos algo de valor para nossa vida ou mesmo para nossa família, devemos olhar para nossa fé e nosso objetivo neste mundo: conquistar a coroa da salvação, isso sim não podemos perder, o mais tudo ficará neste mundo, viemos nus e nus retornaremos com certeza para a vida eterna.

Neste momento que acabei de digitar estas linhas, me lembrei do acontecido esta semana com a cachorrinha da minha neta. Morreu afogada na piscina da casa dela. E pior, foi a segunda cachorrinha que morreu em menos de um ano. Catarina e Pedro (seu irmãozinho de 6 anos) já sem querer estão aprendendo a conviver com a perda.

11º – A bodas de zinco (10 anos) de Rita e Lucas

No dia 25/03/2023, Rita e Lucas comemoraram 10 anos de casados e o local escolhido foi a Praia dos Carneiros, em Recife (PE). Mais de 50 convidados foram ao evento, inclusive minha irmã Rita e minha querida mãe, a única bisavó dos meus netos, meu sobrinho Rafael e a esposa dele.

Chegamos à praia cinco dias antes da comemoração e ficamos em uma casa à beira da praia, eu, Leila e a família do Lucas (pai e mãe dele).

Foram oito dias maravilhosos, na sexta-feira, dia 24/03/2023, ocorreu o luau, com muita música, comida e bebida.

No sábado, dia 25/03/2023, foi um dia INESQUECÍVEL, Rita e Lucas estavam simplesmente maravilhosos. Catarina e Pedro alegravam o ambiente, lindos e felizes. Leila estava também muito linda, minha mãe com um vestido azul que combinava muito com todo o cenário da festa. Minha nora Louise, Guilherme e meu neto caçula, Francisco, também estavam muito bonitos. Foram dias que ficarão nas nossas lembranças por toda a vida, momentos inesquecíveis, não só para mim, mas também para todos que para lá foram.

12º – Entre tantos acontecimentos que marcaram minha vida, há um que não esqueço nunca.

Eu morava em Paracatu, passava por um período muito difícil com a depressão da Leila, que há vários anos estava prejudicando a vida dela, e a Palavra de Deus nos fortalecia dia após dia. Há momentos na vida que podemos ter todo mundo para nos ajudar, mas só a Palavra de Deus irá nos sustentar.

Em 1999, nós estávamos começando nossa caminhada na fé e um certo dia eu e Leila fomos a uma igreja pentecostal, a convite de um amigo (nessa época eu não conhecia a igreja Universal), e em um momento do culto o pastor disse para dobrarmos nossos joelhos e clamarmos a Deus pelas nossas necessidades. Lembro-me muito bem desta noite, 20/02/1999, eu tinha 39 anos e Leila faria 35 anos naquela semana. A pregação era do livro de Ezequiel, no capítulo 37, "A Visão Dum Vale de Ossos Secos". Naquela noite eu estava me sentindo como aqueles "ossos secos" e Deus falava comigo por meio daquela Palavra, que haveria de entrar o espírito em mim e eu teria vida. De joelhos, orando, eu chorava muito, muito mesmo e as lágrimas caíam na Bíblia. Aquela página ficou toda marcada, até hoje guardo a Bíblia e as páginas deste capítulo estão marcadas pelas lágrimas derramadas. Aquele clamor subiu aos céus e Deus respondeu tempos depois com bênçãos, transformando aquele choro em sorrisos e uma paz tão grande na minha alma que até hoje continua predominando em minha vida. Deito-me e durmo com minha consciência tranquila do que fiz e para onde irei.

De que época da sua vida você tem saudades?

Quando Rita e Guilherme eram pequenos e moravam comigo. Do nascimento até o momento que cada um foi embora de Paracatu me sentia o homem mais feliz do planeta. As brincadeiras simples, os aniversários que Leila organizava, o envolvimento com a escola e as idas a igreja, tudo isso e mais ainda me faziam um homem realizado e feliz.

Quais foram as melhores decisões que já tomou na vida?

Muitas decisões foram certas e muitas poderiam ter sido mais pensadas, mas a maior decisão tomada e a mais certa foi quando coloquei Deus em primeiro lugar em minha vida. Lembro-me até hoje desse dia.

Era uma manhã e eu estava descendo a rua em que morava, em Paracatu, a pé (nessa época eu não tinha carro) e os problemas estavam tantos em minha vida que sozinho tomei uma decisão: "Vou mudar o rumo da minha vida, vou me converter ao Senhor Jesus".

Na época eu era católico e Leila também, Rita tinha 11 anos e Guilherme, 9. Alice, minha sogra, já estava sendo evangelizada por um pastor da Igreja Batista Independente e ele e alguns membros dessa igreja estavam indo lá em casa e falando de Jesus para nós. Fiquei nessa igreja por uns dois anos e depois começamos a frequentar a Igreja Universal do Reino de Deus, onde estou até hoje.

A partir desse dia, nunca mais abandonei minha fé, em 2024 completei 27 anos na fé. Ao longo desses anos, como todo ser humano, tive acertos e erros, mas nunca larguei nem abandonei a Casa de Deus. Dia após dia, às vezes ia todos os dias da semana à igreja, sempre lendo e meditando na Bíblia e até hoje continuo indo às reuniões na igreja, fazendo meus votos, orando principalmente pela família.

Temos que conhecer e estudar a Palavra de Deus, é importante que guardemos também os versículos bíblicos em nossa mente, mas o mais importante é que o nosso caráter seja agradável ao Senhor, que o nosso coração seja perfeito aos olhos do Senhor, se isso não acontecer, de nada valerá todo o conhecimento da Palavra de Deus.

Pedro foi um apóstolo que na linguagem de hoje podemos dizer que foi o "braço direito" do Senhor Jesus. Pedro deixou claro a importância de guardarmos nossa fé até o último dia de nossa vida ou até Jesus voltar. Ele disse: *"Para que a prova da vossa fé, muito mais preciosa do que o ouro que perece e é provado pelo fogo, se ache em louvor, e honra, e glória, na revelação de Jesus Cristo"*(1° Pedro 1-7). Nada neste mundo é mais importante que a nossa fé.

E as piores decisões?

Este é o momento mais difícil para mim deste livro. É tudo que eu não queria escrever, mas é necessário, portanto, serei breve nesta pergunta.

Estando dentro da igreja e na fé, eu caí. Deixei me levar aos 50 anos pelo coração e não pelo espírito. Traí minha esposa e a Deus (eu havia feito um juramento no altar, na presença de Deus ao me casar). Foram aproximadamente quatro semanas de envolvimento com uma outra mulher, mas foi o suficiente para deixar marcas irreparáveis (não para Deus) no meu relacionamento com Leila. Em momento nenhum me afastei da igreja, ao contrário, me aproximei mais de Deus e consegui levantar-me novamente.

Qual foi o dia mais feliz da sua vida?

Dia em que eu recebi o Espírito Santo e os dias do nascimento da Rita e do Guilherme.

Se pudesse ter uma segunda chance, quais momentos da sua vida você escolheria reviver?

Os momentos que passeava com minha mãe em Ouro Preto, todos esses anos de casamento com Leila, os anos de Rita e Gui-

A HISTÓRIA DO MEU AVÔ

lherme quando pequenos, em que moravam na casa da Alice (sogra) e brincava com eles numa casa antiga com mais de 100 anos.

Que eventos históricos o deixam feliz por ter presenciado?

Ao longo da vida pude presenciar alguns eventos importantes, como a promulgação da nova Constituição em 1988, que me deixaram feliz tanto na família como na vida profissional, mas os maiores foram os nascimentos da Rita em um hospital municipal e do Guilherme.

Há alguma figura histórica que você admira?

O Senhor Jesus. Por Ele tenho admiração, respeito e honra. A Ele eu devo minha vida. Foi por meio de seus ensinamentos, renúncia e sacrifício que hoje sou um homem feliz, pois me permitiu ter acesso ao Pai por meio do perdão de meus pecados e dia após dia luto para garantir a salvação da minha alma, que é a maior vitória de um homem ou de uma mulher neste mundo. Admiro também Abraão, porque ele foi o pai da fé. Ouviu a voz de Deus, fez o verdadeiro sacrifício. Além dele, admiro muito Davi, pois foi um homem que por meio da fé e do temor a Deus deixou um legado de força e temor e foi considerado "um homem segundo o coração de Deus", mesmo por não ser perfeito, ter tido seus erros e pecados, mesmo assim foi um homem especial para Deus. A característica principal que admiro em Davi foi sua FORÇA e um CORAÇÃO PERFEITO para Deus. Sempre gosto de lembrar daquela passagem da Bíblia, no primeiro capítulo do livro de Mateus, no versículo 20, quando o anjo apareceu para José e disse: *"José, filho de Davi, não temas receber Maria, tua mulher, porque o que nela está gerado é do Espírito Santo"*. O anjo não citou José como filho de Jacó nem citou seu avô Matã como referência. O anjo quis buscar Davi como exemplo de força para José naquele momento tão difícil pelo qual ele estava passando com Maria grávida, antes mesmo de se ajuntar com ela, e nos anos difíceis pelos quais iriam passar após o nascimento de Jesus Cristo.

Você se sente agradecido a alguém que fez parte da sua vida?

Foram muitas as pessoas que ao longo da minha vida tiveram alguma participação ao me ajudar. Por exemplo, na vida profissional aprendi muito com meu tio Adeir, quando iniciei no meu primeiro emprego, dos 13 aos 17 anos. Na mineração muitas pessoas também me ajudaram em momentos difíceis pelos quais passei, é difícil citar nomes, pois posso esquecer um ou outro, mas teve um que não posso deixar de mencionar, o Domingos, primo da minha esposa Leila, que trabalhando na mesma mineradora que eu sempre me apoiou e me orientou muito, não somente em assuntos ligados à empresa, mas também na vida pessoal, inclusive como engenheiro na construção da minha casa naquela cidade. Mas o maior aprendizado foi da Bíblia, seu Autor o Espírito Santo foi quem mais me ensinou e me orientou nos passos certos que deveria tomar, quando eu não O ouvi, foi quando cometi os maiores erros.

Qual é a maior diferença entre quem você era e quem você é hoje?

O "Carmino" pode ser dividido em três "Carminos": o primeiro era esforçado, emotivo, às vezes briguento, gostava de viajar com amigos, de namorar muito, mais voltado para as coisas deste mundo do que para as coisas de Deus.

O segundo foi um Carmino temente a Deus, batizado nas águas, buscando aumentar a fé dia após dia. Quando errava (e comete erros até hoje) procurava se corrigir e ao cair se levantava rapidamente e procurava não errar mais pelo mesmo motivo.

O terceiro Carmino vive com uma enorme paz interior e possui uma consciência tranquila. É feliz pela família que tem e ciente da responsabilidade de conduzir não só sua alma para o Reino de Deus, mas também em ajudar toda a sua família e todos que se interessam pelas coisas de Deus. Seu principal objetivo é a conquista do maior tesouro que existe, a Salvação da Alma.

De que pessoas importantes na sua vida você teve que se despedir?

Meus avós, meu pai e recentemente da minha sogra, Alice. A despedida do meu pai foi mais difícil pelo fato dele ter partido ainda novo (62 anos) e por ter convivido uma grande parte da vida longe dele, pois desde os meus 18 anos morei fora de Belo Horizonte, mas a fé me ajudou muito a superar a perda dele.

O que ajuda você a seguir em frente nos momentos difíceis?

O que amizade significa para você?

"Já tive muitos amigos e amigas ao longo da minha vida. Alguns de alguma forma contribuíram para o bem, outros não. Mas dentre todos, teve um de quem nunca me esquecerei..."

Sobre seus pensamentos, sonhos e desejos

Na sua opinião, quais são as coisas mais importantes da vida?

O ser humano evolui com o tempo. Quando eu era adolescente, tinha algumas coisas que eram muito importantes, como viajar, escutar músicas, comprar LPs – na época eram os discos maiores, os Long Play, depois passou para CD (Compact Disc), depois os pen drives e hoje a internet. Quando profissional também valorizava outras coisas, quando casado e pai outras, mas hoje o mais importante, o tempo que eu mais valorizo é quando estou envolvido com as coisas de Deus. Entre viajar, passear, ir para praias, restaurantes, comprar roupas, trabalhar etc., prefiro trocar tudo pelos momentos com Deus. Não é que estas coisas são ruins, é muito bom tudo isso, mas minha alma alegra-se mais quando estou envolvido com as coisas de Deus. Ler a Bíblia para mim é um momento de muita satisfação, assim como orar e assistir aos cultos.

Você gosta da sua casa?

Sim, muito. Gosto de ficar no meu escritório, onde trabalho escrevendo e lendo a Bíblia.

Que pessoas são fontes de inspiração para você?

No passado houve pessoas que de uma forma ou outra tiveram alguma virtude que me inspirou em algo, mas hoje 100% da minha inspiração vem da Palavra de Deus, seja por ouvir pregações na igreja ou por ler a Bíblia ou mesmo ouvir os hinos de Deus.

Há alguma pessoa famosa que você admire? Por quê?

O bispo Edir Macedo, fundador da Igreja Universal do Reino de Deus, pois ele passou por muitas tribulações e nunca desistiu do seu propósito, pregar a Palavra de Deus.

Que dias do ano são mais especiais para você?

Além dos aniversários da família, Páscoa, Natal e Ano Novo são muito especiais. Nessas datas eu e Leila sempre compramos uma lembrança para os netos.

Quais tradições você faz questão de manter?

Família unida.

O que significa felicidade para você?

Felicidade para mim é quando a pessoa tem a certeza da salvação da sua alma. Quando ela tem esta certeza, nada a fará infeliz. Tudo em sua vida pode não estar do jeito que você gostaria que estivesse, mas o seu interior, sua alma, seu coração, seu espírito estarão bem e ele(a) não se deixa ser abalado(a) pela situação.

Quais são suas maiores qualidades?

Pra te falar a verdade, Catarina, não vejo em mim muitas qualidades, entre as poucas que tenho uma eu quero levar até o

A HISTÓRIA DO MEU AVÔ

último segundo de vida: o temor e o amor que tenho por Deus. Ele é o primeiro na minha vida, todo o meu querer em todos os aspectos ficam em segundo lugar e O amo de todo o coração, de toda a minha alma e de todo o meu entendimento.

O que você mudaria em si mesmo?

"E o mesmo Deus de paz vos santifique em tudo; e todo o vosso espírito, e alma, e corpo, sejam plenamente conservados irrepreensíveis para a vinda de nosso Senhor e Salvador Jesus Cristo" (I Tessalonicenses 5:23).

Nós somos corpo, alma e espírito, no meu corpo procuraria ter uma alimentação melhor, praticar mais exercícios físicos, dormir nos horários corretos etc.

Na alma (sentimentos) procuraria tomar muito cuidado, ainda mais com as palavras ditas, viveria menos pelo coração (emoções), aumentaria ainda mais os cuidados com a alma, pois é ela que um dia estará no Reino de Deus e não o corpo.

Quanto ao espírito, eu procuraria receber o Espírito Santo mais cedo, pois hoje eu sei que quando um homem ou uma mulher tem o Espírito de Deus ele ou ela consegue ter uma vida em paz, pois quem tem o Espírito Santo é uma pessoa preparada para resistir a este mundo de problemas, tentações, mágoas, perseguições, injustiças, calúnias, doenças, dificuldades financeiras, tudo, tudo mesmo não consegue tirar a paz dessa pessoa. Converti-me em 1997, recebi o Espírito Santo alguns anos depois e nunca mais abandonei a presença de Deus, do momento que estou escrevendo este livro, já se passaram 26 anos e minha fé cada dia aumenta mais. Hoje estou mais perto do Reino de Deus do que quando comecei na fé.

Tenho até hoje minha primeira Bíblia e nela tem a seguinte frase que escrevi logo quando a comprei. *"Oh, Deus, Tu me criaste para Ti, e o meu coração não encontrará descanso se não em Ti. Carmino 25/08/1997".*

As palavras têm poder, realmente o que escrevi se concretizou em minha vida.

Há coisas que ainda gostaria de aprender?

Sim, muito ainda para aprender, principalmente na Matemática.

Qual é a melhor parte de envelhecer?

A melhor parte para mim do envelhecer é a colheita. Dizer que estamos envelhecendo é o mesmo que dizer que estamos "colhendo frutos". Quando envelhecemos, estamos colhendo frutos do que plantamos quando jovens, adolescentes e quando nos casamos. Se agimos nessas fases sempre com o coração limpo, com certeza plantamos frutos bons e se fizemos o que foi bom, mesmo que em algum momento tenhamos errado em alguma dessas etapas, com certeza ao envelhecer colheremos bons frutos. Envelhecer com a consciência limpa é extremamente gratificante. *"Os limpos de coração verão a Deus"* (Mateus 5:8).

O que faz você morrer de rir?

Uma boa piada.

O que o deixa emocionado de verdade?

Catarina, a emoção é fruto do coração e eu tenho buscado não viver pelo coração, e sim pela razão, pelo espírito, pela fé, mas há momentos que a emoção vem, somos humanos, como foi o caso dessa comemoração recente dos 10 anos de casados de Rita e Lucas. Durante a comemoração, quando estavam sendo ministradas as bênçãos pelo pastor, logo após foi-me passada a palavra. O tempo estava fechado, ameaçando chuva e eu comecei a falar do motivo pela qual Rita e Lucas haviam escolhido aquele local para comemorarem os 10 anos de casados, que seria principalmente para engrandecer o nome do Senhor e servir como testemunhas do que Deus havia feito e continuará fazendo na vida deles. Em certo momento, quando estava falando, me veio na lembrança (e ninguém soube) o sacrifício que Rita fez para concluir o curso de Direito em Brasília, que não foi fácil, mas conseguiu vencer os obstáculos. Aí a emoção começou a vir, quando percebi, rapidamente mudei de assunto e finalizei as palavras.

Assim, o que realmente me deixa emocionado, mas como disse, consigo controlar, é quando lembro da nossa trajetória de vida, dos momentos bons e difíceis pelos quais Leila, Rita e Guilherme e eu passamos, mas vencemos. Graças a Deus.

Tem algum dia da semana de que você gosta mais? E algum mês?

Não, todos os dias são iguais. Durante a semana me envolvo mais com trabalho e no fim de semana mais com coisas da casa e a família (visita aos filhos). O mês de dezembro sempre é um mês diferente, mas todos são de alergia e muito trabalho.

Se pudesse governar o mundo por um dia, qual seria a sua primeira decisão?

Se eu tivesse este poder, esta autoridade suprema em um único dia sobre toda a terra, eu aconselharia a todos os habitantes da terra a seguirem os ensinamentos do Senhor Jesus, a terem a Bíblia como sua principal referência de vida.

Obs.: hoje, 30/04/2023, completam 39 anos que conheci Leila.

Sua visão de mundo foi mudando com o passar do tempo?

Sim. Ao longo da minha vida, por meio das escolas, de livros adquiridos por conta própria, televisão etc., conheci um pouco da história, evolução e acontecimentos importantes do mundo. Vi um pouco do que as atitudes dos homens provocaram para a humanidade. Tragédias, derramamentos de sangue, destruição de nações etc. Mas o que eu estou vendo nesses últimos anos, quando tinha meus 15 anos jamais imaginaria que veria. Não me refiro às guerras ou mesmo atentados terroristas ou tragédias naturais, isso eu imaginava que poderia acontecer, mas o que a internet está fazendo com a mente das pessoas e, consequentemente, o comportamento delas tem me surpreendido. O grande volume de notícias boas e ruins que saem dos celulares o tempo todo para as mentes das pessoas está alterando a forma de agir e pensar delas e como as atitudes são frutos dos seus pensamentos, a colheita é certa. Hoje vejo um quadro em enorme escala de pânico, ansiedade, depressão, insônia nas pessoas, o que raramente via antes. Neste momento que escrevo estas linhas, o Brasil está entre um dos primeiros no mundo com pessoas ansiosas e deprimidas. <u>A maioria dos jovens, principais vítimas da internet, procuram sempre o caminho mais fácil para seguirem, isso é natural, já aconteceu comigo quando também era jovem, e a internet proporciona esse atalho, dependendo da esperteza ele consegue até ganhar muito dinheiro rapidamente, assim vê que não precisa tanto de estudo e aí está a armadilha. Sem estudo ele terá dificuldades de se integrar na sociedade, terá também dificuldades no raciocínio, dificuldades para alcançar posições importantes para seu crescimento tanto profissional como pessoal e como provedor da família. Isso no futuro trará consequências irreparáveis. É lógico que muitos também veem na internet oportunidades de crescimento pela megabiblioteca de conhecimentos disponíveis e avançam rapidamente em conhecimento, favorecendo assim seu crescimento intelectual.</u>

No meu ponto de vista, no futuro, algo em torno de 15 a 20 anos, haverá uma grande diferença dos níveis sociais, ainda maior que há hoje. **<u>Aqueles pais que hoje valorizam a educação de seus filhos e os ensinam o caminho e o temor de Deus e cuidam da saúde física e mental deles com certeza irão colher bons frutos.</u>**

O que amizade significa para você?

Já tive muitos amigos e amigas ao longo da minha vida. Alguns de alguma forma contribuíram para o bem, passamos bons momentos juntos, outros não. Mas entre todos, teve um que nunca me esquecerei dele. Eu tinha 13 anos quando comecei a trabalhar em uma companhia de seguros, eu e ele éramos office boys, fazíamos serviços de rua. Na época eu gostava muito de viajar, namorar etc. e ele sempre me chamava a atenção. Ele era evangélico, da igreja Assembleia de Deus, e eu católico. Ele sempre orava por mim e dizia: *"Um dia você vai ser um 'crente' também"*. Ele dizia que sempre orava por mim para que viesse aceitar o Senhor Jesus como Senhor e Salvador. E hoje eu estou firme na fé e tendo o Senhor Jesus como o primeiro na minha vida.

Amizade para mim significa que aquela pessoa que eu considero minha amiga ou meu amigo contribua para o meu crescimento como pessoa, como cristão, como estudante, como família etc. Aquela pessoa cujos princípios (respeito ao próximo, respeito aos pais, temor a Deus etc.) sejam diferentes dos meus eu não desprezo, mas não ando com ela. **O segredo para se conhecer um amigo é ver se suas atitudes estão de acordo com a vontade de Deus, ou seja, quando ele(a) age mal e imediatamente admite que não deveria ter agido daquela forma, fica preocupado(a) se suas atitudes desagradaram ao Senhor, se entristece e se importa com as consequências das atitudes tomadas, ou seja, aquele(a) que é sincero(a) perante Deus, esta sim é uma amizade que deve ser mantida e preservada.**

Catarina, tenha muito cuidado com quem você anda. Tenha sua própria opinião, não siga pessoas que não creiam no mesmo Deus que você crê. Se você andar com essas pessoas, pode ter certeza, mais cedo ou mais tarde elas irão querer tirar você da presença de Deus. Ao contrário, você deve falar de Deus para elas e sempre as convidar a irem à igreja.

A Bíblia diz que não é possível servir a dois senhores, ou há de agradar a um e desagradar o outro, não há como servir a Deus e a Mamon ao mesmo tempo.

Qual seria o maior presente que alguém poderia lhe dar?

Uma Bíblia, sou apaixonado pela Palavra de Deus.

O que ajuda você a seguir em frente nos momentos difíceis?

Boa pergunta. **A Palavra de Deus**. Foi ela que na pandemia (2021) me deu força para cuidar de mim e da família, quando todos estavam com o vírus. Foi a Palavra de Deus que me deu equilíbrio quando perdi empregos, quando passei por dificuldades na criação dos filhos, me deu força e visão, ela que me orientava nas decisões e momentos difíceis nas minas subterrâneas, a céu aberto ou mesmo nas usinas. Guardo sempre as palavras do apóstolo Paulo quando esteve preso: *"Em tudo somos: atribulados, mas não angustiados, perplexos mas não desanimados, perseguidos mas não desamparados, abatidos mas não destruídos"* (II Coríntios 4:8).

Qual foi o maior elogio que você já recebeu?

Nunca me atentei a elogios, para falar a verdade, nem lembro.

Que lugares você ainda gostaria de visitar?

Israel, Egito, Síria, lugares que são mencionados na Bíblia. O litoral brasileiro, cidades pequenas e históricas do Brasil, mas tudo isso se Leila for comigo, caso contrário não teria o mesmo brilho [risos].

Quais foram os melhores momentos da sua vida.

Foram muitos, alguns nem lembro mais. Mas vou relacionar alguns: casamento, nascimento dos filhos, notícia da minha aposentadoria e bodas de 10 anos de Rita e Lucas na Praia dos Carneiros, em Recife.

Que momentos maravilhosos ainda estão por vir?

O amanhã não pertence a mim, mas a Deus. Se o Deus Altíssimo me permitir, ainda quero ver: casamento dos netos, podendo assim

A HISTÓRIA DO MEU AVÔ

visualizar com meus próprios olhos a concretização do "costume nos casamentos" que eu criei para as minhas gerações que serão formadas; poder ir à formatura do curso superior de cada neto para mim será um momento muito especial.

Há algo que você gostaria de me ensinar? O que você ainda gostaria de me dizer?

"Muita coisa, mas o mais importante é sempre olhar para Deus e para a frente. O passado, as pessoas que te magoaram, seus erros, que isso não te faça parar na "caminhada". Sua alma é o maior tesouro que você possui, cuide bem dela."

Sobre mim

Você vê traços familiares em mim?

Sim, tanto pelo lado materno como paterno.

Você acha que temos semelhanças? Como se reconhece em mim?

Seus traços puxaram mais os da sua mãe, que também puxou os traços da Leila, sua avó. Mas quando comparo os traços da minha mãe, há grande semelhança.

Que momentos você gostaria de reviver ao meu lado?

Quando você tinha 1, 2 e 3 anos eu ficava muito com você, carregando no colo e brincando nos parquinhos do edifício em que você morava e no edifício em que eu morava. Depois você se mudou para sua casa no Park Way e eu continuei brincando tanto com você como com o Pedro. Todos os momentos ao seu lado, do Pedro e do Francisco foram e são maravilhosos.

O que ainda gostaria de fazer comigo?

Fazer exercícios de Matemática, Física e Química. Em Matemática rever as equações de limites, cálculos algébricos, função exponencial etc.

Em Química rever elementos da tabela periódica e em Física as leis da gravidade, revendo assim tudo que estudei quando estava em Ouro Preto.

Gostaria ainda de assistir a um culto no Solo Sagrado, eu e você sentados um ao lado do outro.

Do que você mais gosta na nossa relação?

Sinceridade.

O que faria com que ela ficasse ainda melhor?

Poder conviver sempre com você e os outros netos só me faria ser cada vez mais um avô feliz. Peço todos os dias a Deus que me dê muitos anos de vida para ver vocês casados e com filhos e filhas abençoados.

Há algo que você gostaria de me ensinar? O que você ainda gostaria de me dizer?

O mais importante é sempre olhar para Deus e para a frente. O passado, as pessoas que te magoaram, seus erros, que isso não te faça parar na "caminhada". Sua alma é o maior tesouro que você possui, cuide bem dela.

Esteja sempre em comunhão com Deus, Ele nunca irá te decepcionar. Este mundo está mergulhado nas emoções e nos prazeres da carne. Procure viver mais pela fé inteligente, viva mais pelo raciocínio e menos pelas emoções e sentimentos.

A HISTÓRIA DO MEU AVÔ

Deus trabalha com a nossa mente e não com o nosso coração. Lembre-se de que a fé não é movida pelo sentimento e pelas emoções. Os nossos erros e falhas, quando nos arrependemos e nos corrigimos de verdade, sempre ficam no "mar do esquecimento" para Deus.

Catarina, que ao longo de toda a sua vida você tenha PERSEVERANÇA DIANTE DE DEUS. Que os erros, as ofensas que alguém possa lhe dizer ou mesmo fazer, as metas, os objetivos, as decepções com pessoas (amigos, namorados etc.), perdas de pessoas queridas, injustiças no trabalho, bichos de estimação, escola, ciclos de amizades etc., que tudo isso não a afaste de Deus, pois você tendo Ele como o Senhor da sua vida NADA PODERÁ VENCER VOCÊ.

O seu coração tem que ser perfeito para Deus e não para o mundo. Com isso você se torna uma mulher FORTE, podendo assim ajudar outras pessoas.

"Porque, quanto ao Senhor, Seus olhos passam por toda a terra, para mostrar-se FORTE para com aqueles cujo coração é perfeito para com Ele" (II Crônicas 16:9).

Vigie as suas palavras, procure alinhá-las com as palavras de Deus. Lembre-se: sua língua é pequena, mas ela guia toda a sua vida.

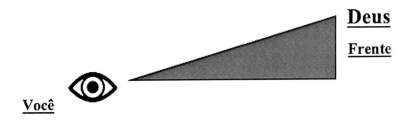

Quais das minhas escolhas deixam você orgulhoso?

Sempre que você faz um desenho (e são lindos), toca piano, escreve algo ou coisas parecidas fico feliz, mas quando você pega um livro e lê algo para mim fico muito orgulhoso e muito feliz também. Enquanto eu digitava este livro, um certo dia, estava na sua casa e você pegou um livro, não me lembro bem do nome do livro, você se sentou em uma cadeira na varanda de sua casa e sozinha ficou um longo tempo lendo, sem ninguém mandar. Para mim, foi a melhor parte do dia. Outro orgulho que sinto é quando você tira boas notas na escola. Ah, como fico feliz!

O que acha bonito em mim?

Sua simplicidade, sua calma e sua fé. Você é também uma menina muito educada. Sua beleza também é singela. Não sei se puxou mais a mamãe Rita ou o papai Luca.

O que você aprendeu comigo?

A cada dia aprendo um pouco mais com você, Tata. O amor e carinho que você transmite, seus lindos desenhos, o carinho com os animais (Estrelinha, Budy), sua alegria com a vida, tudo isso é contagiante e me faz a cada dia ser um vovô muito feliz. Amo-te.

Que sonhos você tem para mim?

Fazer um curso superior, se casar, ter filhos é tudo que um avô quer presenciar de seus netos nos anos que terão ainda de vida. Mas o meu maior sonho, o que desejo para você é muito além disso. Que você viva pela fé, nunca abandone sua fé, por nada nem por ninguém. Para Deus uma das maiores virtudes de um filho(a) Seu é a persistência na fé. A salvação da sua alma é prioridade na sua vida, você não pode deixá-la por nada nem por ninguém. Lembre-se sempre do que o apóstolo Paulo escreveu em Hebreus 10:38-39: *"Mas o justo viverá pela fé, e, se alguém se retirar, a minha alma não tem prazer nele. Nós, porém, não somos daqueles que se retiram para a perdição, mas daqueles que creem para a conservação da alma".*

Há algo que gostaria de me perguntar?

Sim, duas perguntas.

1. De quem é o avô? Do(a) filho(a) ou do(a) neto(a)?
2. Qual é o desenho que você fez e mais gostou?

Ficou uma última pergunta, que não está neste livro que você me presenteou, mas eu sei que você um dia gostaria de saber:

Vô, quando eu tiver meus filhos, quais são os princípios básicos que devo seguir para criá-los?

Criar filhos não é tarefa fácil, há necessidade de muita renúncia e dedicação pelos pais, mas se você seguir estes três pilares você pode ficar tranquila que sua parte como mãe foi feita.

Você daqui a alguns anos irá estudar em Física pontos geométricos, em que "um ponto define o infinito", "dois pontos definem uma reta" e "três pontos definem um plano". O plano é o equilíbrio, por isso você deve monitorar os filhos nestes três pilares.

Três pilares: fé, inteligência e saúde (física e mental)

PRIMEIRO: PILAR DA FÉ (NÃO É PILAR DA RELIGIÃO)

Você deve acompanhar o desenvolvimento da fé de seus filhos, orar por eles todos os dias, ensinar a Palavra de Deus, levá-los à igreja semanalmente. Acima de tudo, o exemplo é fundamental. Você deve criar neles "força" – não a força física, esta é importante também, mas me refiro à "força" para vencer os problemas e dificuldades da vida –, "vontade de fazer", "energia para fazer", "alegria em fazer algo" etc. A força está alinhada à fé. Veja o caso de Davi. Ele considerava que a força que o fazia vencer as batalhas estava na sua fé.

"Tenho posto o Senhor continuamente diante de mim; por isso que ele está à minha mão direita, nunca vacilarei" A mão direita de Davi era a força dele, a espada o fazia vencer as batalhas...

(Salmos 16:8).

Haverá um momento na vida deles, que você não estará ao lado deles para ajuda-los ou orienta-los, Quem fará isto será o Espírito Santo, o Espírito de Deus. Ele, o Deus Altíssimo, estará na frente deles para conduzi-los, como fez com o povo hebreu no deserto quando os tirou do Egito conduzindo-os de dia através de uma coluna de nuvem e a noite através de uma coluna de fogo. Assim também irá a frente deles, não mais com "colunas" mas com o Espírito Santo.

E o Senhor ia adiante deles, de dia numa coluna de nuvem para os guiar pelo caminho, e de noite numa coluna de fogo para os iluminar, para que caminhassem de dia e de noite. Nunca tirou de diante do povo a coluna de nuvem, de dia, nem a coluna de fogo, de noite.
(Êxodo 13:21-22)

SEGUNDO: PILAR DA INTELIGÊNCIA

A essência da educação dos filhos está em levá-los a pensar antes de agir, a terem autocontrole, a desenvolverem uma consciência crítica, de forma a conduzi-los a terem autonomia e estarem preparados para as perdas e frustrações da vida.

Neste pilar incluo a inteligência secular: aprendizados na escola, capacidade de raciocínio para solução de problemas, matemática, física, química, capacidade de leitura etc. Incluo também a sabedoria, o conhecimento, o entendimento e o comportamento com a família, com outras crianças, pessoas idosas, pessoas com necessidades especiais, professores, ambientes externos, como restaurantes, festas etc. Essas características, em conjunto com a fé, são a base para a formação do caráter e da personalidade da criança.

TERCEIRO: PILAR DA SAÚDE (MENTAL E FÍSICA)

Quanto à saúde mental, você deverá acompanhar a rotina do dia a dia dos filhos, lembre-se que nossos pensamentos controlam nossas atitudes e sempre os conduzir e orientá-los naquilo que for agradável aos olhos do Senhor. Na saúde física, estar sempre atenta com alimentação (Café da manhã, almoço, lanches, janta, etc), se as crianças estão se alimentando bem e principalmente o que estão alimentando. Você deverá ensina-los a terem responsabilidade com a saúde, mostrando a eles que aquilo que eles comem ou bebem impactará diretamente na saúde e consequentemente na longevidade. Também a rotina de cuidados com os dentes, consultas médicas periódicas, exames preventivos, pratica de exercícios físico diário são extremamente importantes.